동대문을 걷다

거리·풍경·사람 이야기

동대문을 걷다

거리·풍경·사람 이야기

초판 1쇄 인쇄 2022년 11월 11일
초판 1쇄 발행 2022년 11월 15일

지은이 이필형
발행인 황정필

책임편집 이서정
편집 황민경 김이진 이유선
디자인 (주)이공커뮤니케이션
마케팅 황정필
관리·제작 김신기 정지수

발행처 실크로드
출판등록 제406-251002010000035호
주소 경기도 파주시 문발로 214-12
전화 031-955-6333~4 | **팩스** 031-955-6335
이메일 silkroad6333@hanmail.net

ISBN 978-89-94893-47-1 (03800)

이 도서의 국립중앙도서관 출판예정도서목록(CIP)은 서지정보유통지원시스템 홈페이지(http://seoji.nl.go.kr)와
국가자료종합목록 구축시스템(http://kolis-net.nl.go.kr)에서 이용하실 수 있습니다.

동대문을 걷다

거리 · 풍경 · 사람 이야기

글 · 사진 이필형

머리말

"당신은 왜 동대문구청장에 출마했나?"에
"동대문구를 바꾸렵니다."
"그럼 동대문을 어떻게 하려는가"에
"처음에는 어떻게를 생각했으나 이제는 무엇을 채울 것인가에
주목하고 있습니다."

처음에는 동대문을 무작정 걸었다. 바람도 내 영혼을 고즈넉하게 만들었다. 그 바람 부는 11월부터 나는 배봉산에 올랐다. 배봉산에서 동대문구를 바라보면서 길을 찾았다. 바람이 매섭게 불고, 어둠이 깊어지면 걸으면서 생각했다.

나는 안데르센의 성냥팔이 소녀처럼 되면 어떻게 할까? 부잣집 창 밑에 앉아 성냥불로 몸을 녹이던 불쌍한 소녀! 나는 성냥팔이 소녀처럼 간절한 심정으로 동대문을 걸었다. 동대문구청장이 되기 전에 먼저 동대문을 알고 싶었다. 동대문이라는 시간과 공간적 장소에 얽혀있는 사람들의 이야기를 듣고 싶었다.

그 이야기들이 이 책에 응축되어 있다. 동대문이라는 장소에서 느낀 감정과 체험의 순간들을 기록했다. 마치 소설처럼 동대문 사람들과 내가 만난 이야기들을 담아냈다. 그리고 나는 그동안 나의 선입견과 편견에 갇혀 있었다는 사실을 깨달았다. 또 동대문구에 대해 너무도 몰랐다는 사실을 알았다.

집을 떠나면 여행이라고 누군가 말했듯, 우리의 삶은 여행으로 이루어져 있다. 9번의 동대문 걷기 또한 하나의 여행이었다. 동대문을 걷고, 보고, 듣고, 만나고, 느끼고, 깊이 생각하면서 또 다른 여행을 하는 내 모습을 보았다.

그러면서 플라톤의 '동굴의 비유'를 생각했다. 어두운 동굴에 갇혀 있어도 동굴을 벗어날 수 있는 사람만이 진정한 리더가 될 수 있다고 했다. 동굴 밖에 존재하는 새로운 현실을 경험하고, 다시 동굴로 들어가 동굴 속 사람들에게 바깥 세상의 삶을 말해주라고 했다.

지방선거 전에 나는 5차례 동대문을 걸으며 파고들었다. 동대문의 현실을 보기 위해 주민들을 만났다. 거리에서, 카페에서, 상점에서, 뚝방길에서, 배봉산에서 동대문의 현실을 마주했다.

이를 토대로 선거운동 과정에서 동대문이 변해야 하는 당위성을 이야기했다. 또한 정치 현실을 파악하기 위해 선거운동 과정에서 동대문을 4바퀴 정도 더 걸었다.

이야기했다. 정직하게 진실만을 말했다. 스스로 정치적 한계를 만들지 않기를 매 순간 기도했다.

그리고 내가 겪었던 구체적인 경험을 토대로 동대문을 걸었다. 동대문은 누구에게 배울 수도, 들을 수도 없는 무엇이었다. 누구도 나를 대신해서 말해 줄 수 없는 것이었다. 스스로 발견하는 것이었다.

동대문 걷기를 통해 동대문이 서로 다른 것으로 가득 차 있음을 깨달았다. 그 다름을 깨달으면서 주민들을 대하는 태도와 방법을 알 수 있었다. 그리고 그것이 민주주의임을 알아갔다.

어느 순간 "이 정도 되면 됐다" 하다가도 아직도 내게 동대문은 멀기만 함을 깨닫곤 했다. 때때로 나는 너무 단언적이었다. 진리주의자의 확신에 멀기만 한 것을 깨닫곤 했다. 일방통행식이었다.

그래서는 안 되었다. 이제부터 매사에 '어쩌면', '아마도', '그럼에도 불구하고', '어떻게 생각하세요'를 사용하는 경청하는 자세를 갖기로 했다.

우리는 때때로 새로운 현실에 눈을 뜬다. 새롭게 눈을 뜨는 힘은 부단한 천착과 몰입이다. 무엇인가를 다시 한번 바라볼 때 나도 모르게 눈이 떠진다. 동대문을 바라보는 시각과 방법에 따라 또 다른 눈이 생긴다.

나는 동대문을 오늘도 또다시 걸으면서 동대문의 미래와 발전에 다시 한번 눈뜨기를 소망한다. 나는 내 눈앞에서 동대문의 무한한 가치를 다시 볼 수 있기를 소망한다.

이필형

차례

I

왜
동대문을
걸었나?

무엇을 할까?

11월의 날들은 우울하기만 했다.
내 인생은 왜
이렇게 힘들까?

하늘문이 열리지 않았다

2021년 11월 5일 내 삶의 새로운 전환점이 시작되는 날이었다. 라디오에서 흘러나오는 아나운서의 멘트가 인상적이었다. 윤석열의 당심이 홍준표의 민심을 꺾었다. "민심을 얻은 후보가 경선에서 승리한다"는 기존 선거의 틀도 깨졌다. 홍준표 후보는 아직은 하늘 문이 열리지 않았다고 했다.

'하늘 문이 열리지 않았다.'

내게는 청천벽력같은 말이었다. 나는 하늘 문이 열려야 한다는 신념에 변함이 없었다. 나는 하늘 문이 열려 있다고 생각했다. 추호의 의심도 없었다.

라디오에서 무야홍(무조건 야권 대선 후보는 홍준표)을 내세운 홍준표 의원의 두 번째 대선 도전이 미완으로 마무리됐다는 무표정한 해석이 흘러나왔다.

홍의원은 "비록 26년간 헌신한 당에서 헌신짝처럼 내팽개쳐졌어도 이 당은 제가 정치 인생을 마감할 곳"이라면서 "이번 대선에서는 평당원으로 백의종군하겠다"라고 적었다. 홍의원의 비통한 심정이 눈에 선하였다. 홍의원과 나의 11월은 참담했다.

내 삶은 왜 이렇게 힘들까?

11월!

문득 허만 멜빌의 <모비딕>이 생각났다. "Call me Ishmael(나를 이스마엘이라 부르라)"던 주인공 이스마엘은 "내 영혼에 축축하게 가랑비 오는 11월이 오면 나는 빨리 바다로 가야 한다"면서 외롭게 방황하는 영혼이 될 때면 자유의 세계를 그리워했다. 그리고 바다로 갔고, 포경선 피쿼드 호를 탔다.

라디오는 경선과 관련한 무심한 소식들을 전해주고 있었다. 추석 계기 골든크로스, 2030 세대의 폭발적 지지, 백의종군…… 수많은 말들이 의미가 없었다.

11월의 날들은 모든 것이 다 우울하기만 했다.

'나이가 들면 인생은 아름답다고 했는데 내 인생은 왜 이렇게 힘들까?'

시간이 갈수록 점점 더 서글퍼졌다. 나 자신의 무능에 화도 났다. 이윽고 잊히겠지 하면서도 돌아서면 왠지 모를 아픔에 가슴이 아렸다.

어떻게 하지? 무엇을 할까? 머릿속에는 알 수 없는 세계가 새처럼 날아들었다가 사라졌다. 그러면서 '이 순간도 나의 삶이다. 잘 겪어야 한다. 살다 보면 누구나 도전적인 순간들에 직면한다.'라고 스스로를 위로했다. 그러나 삶은 '그 순간'을 경험하기까지는 상상할 수 없다는 사실을 알았다.

어찌할 수 없는 부득이한 상황이라고 치부하였으나, 아무것도 못한 채절망 속으로 빠져버리는 심정이었다. 더는 아무것도 할 수 없을 것만 같았다. 무기력해져 갔다. 어쩔 수 없이 무엇인가는 해야 했다. 외롭게 방황하는 11월의 영혼들이 바다를 향해 갔듯이 나는 산을 향해 갔다.

내 영혼이 축축한 가랑비에 젖을 때 나는 산을 찾곤 했다. 28년을 다닌 첫 직장을 떠날 때도 나는 산을 찾았다. 그때도 무작정 백두대간을 31일간 걸어 완주하면서 삶의 방향을 새롭게 찾았다. 백두대간을 걷고, 홍준표 경남지사를 만나 나의 정치 인생에 첫발을 디뎠다.

사람이
답이다

나 자신이 어쩔 수 없는
힘에 떠밀려 갔으나
절망스러운 고독이
나를 리모델링해주었다.

나만 아픈 것이 아니었다

문득 서두르지 말자는 생각이 들었다. 조금씩 천천히 내딛는 한발 한발
이 나를 바꿀 것이라는 막연한 주문을 외웠다. 돌이켜보면 사소하게 조금
씩 시도한 작은 일들이 나를 바꾸었다. 별것도 아닌 정말 작은 일들이 나
의 행복을 만들어주었다.

'어려움이 닥치고 모든 일이 어긋난다고 느낄 때, 이제 1분도 더 견딜
수 없다는 생각이 들 때, 그래도 포기하지 마라. 바로 그때, 바로 그곳에
서 다시 기회가 온다'고 했다.

그동안 경선을 도와주었던 지지자들을 만났다. 그들 또한 나처럼 아파
하고 절망하고 있었다. 이분들을 만나면서 함께 하면 힘이 된다는 사실을
깨닫기 시작했다.

이렇게 시작된 만남은 11월과 12월의 나의 영혼을 풍요롭게 했다. 낙담의 골짜기를 건너며 '무엇을 할까'라는 질문에 답을 찾아가기 시작했다.

지지자들은 자신들도 아프다면서 고맙다고 나를 위로해 주었다. 이들의 한 마디 한 마디에는 진실이 묻어났다. '소중한, 아니 행복한 추억이었다. 어떻게든 가야 한다. 다시 일어서야 한다'고 힘주어 말했다. 이와 같은 경험이 소중한 자기성찰의 기회가 되었음을 생생하게 느꼈다. 이것이 커다란 힘이 되었다.

다시 일어서야 했다

삶은 투쟁이었다. 비록 새장 안의 새처럼 느껴졌으나, 다시 날 준비를 해야 했다. 다시 일어서야 했다. 나를 둘러싼 패배의 음침한 울타리를 깨야 했다. 패배의 분위기를 깰 수 있는 망치가 필요했다. 그리고 패배의 벽을 두들겨야 했다.

동대문구 야경: 동대문구는 600년의 역사를 가진 4대문 밖 첫동네였다.

나의 두드림은 세상을 향한 메아리일 수 있었다. 아무리 세상을 향해 두들겨도 상황은 똑같았다. 그러다 불가사의하게 나도 모르는 깨달음이 왔다.

지지자들과 만남을 더해가면서 새로운 진실들을 알아갔다. 보이는 세상은 가면의 일부일 뿐이었다. 가면 너머에 진실이 있었다. 나이 예순이 넘어서야 사람의 비밀을 깨닫는 느낌이었다. 삶의 비밀은 열정이었다. 무심한 가면 뒤에서 은밀히 움직이고 있었다.

패배라는 공감을 갖고 만나는 만남엔 새로운 진실이 묻어났다. 그렇게 서로 맞잡은 마음이야말로 그 어떤 진실보다 더 고귀했다. 패배를 직접 경험하기까지는 상상도 못 했다. 또 다른 세상을 살고 있다는 느낌이었다.

이번 패배는 내게 또 다른 극한 상황이었다. 아니 극한 경험이었다. 가던 길을 멈춰 서서 나를 돌아보는 계기를 만들어주었다. 이 세상에는 안

용마산에서 바라본 태풍이 지나간 동대문구 전경:
동대문 위를 지나가는 무늬들이 이야기처럼 보였다. 행복, 고통, 시련이 여기저기 박혀있었다.

전한 길이 없음을 다시 알았다.

　나 자신이 어쩔 수 없는 힘에 떠밀려 갔으나 절망스러운 고독이 나를 리모델링 해주었다. 낡은 주택만 리모델링하는 게 아니라 인생도 리모델링 할 수 있었다. 패배는 내게 시간의 의미를 되씹고, 새롭게 삶의 방향을 설정하게 해주었다.

사람들은
어떻게 살까?

예술가들의 삶은
모든 사회적 제약으로부터 자유로웠다.
또 다른 세상을
보는 느낌이었다.

문득 다른 사람들은 어떻게 살까를 스스로에게 물어보았다. 나도 이제 나이 60을 넘어섰다. 삶이 버릇처럼 익숙해졌다. 어느덧 세상살이의 방관자가 되어가고 있었다.

길을 찾아야 했다. 어딘가에 숨겨져 있는 나의 섬을 찾고 싶었다. 나는 책방을 찾았다. 그렇게 헌책방을 뒤지고 뒤지다가 <나는 다다다>(만 레이 자서전)를 만났다. '다다'는 초현실주의 운동을 지칭한다. 초현실주의 운동가들은 세상을 비판적으로 읽었다. 나의 삶과는 결이 달랐고, 그래서 관심이 있었다. 전혀 다른 세계를 사는 사람들을 읽고 싶었다.

그런데 놀라운 기적이 일어났다. 나 자신도 놀랄 정도로 두문불출하고서 500페이지를 순식간에 읽어버렸다. 만 레이와의 만남은 감동 그 자체였다. 일평생 초현실주의 운동의 한가운데에서 세상의 근거지를 지켰다.

그리고 끊임없이 새로운 것을 추구해나갔다. 자신을 혁신했다.

초현실주의자 만 레이는 마르셀 뒤샹, 피카소, 마티스, 달리와 헤밍웨이, T.S 엘리엇 등 20세기를 이끌었던 인물들의 소소한 일상을 책에 담았다. 이들과 함께 '지금 우리 시대의 예술'을 고민했다. 그들의 고민의 흔적을 읽어나가는 즐거움이 유독 컸다.

'시간은 시간에 흔적을 남긴다. 기존의 가치와 상식을 파괴하고, 덜 나쁜 세상을 만들겠다'면서 '주사위를 던지면 기회는 있다. 현재는 이 순간의 영원한 형태다'라는 철학이 나를 되돌아보게 했다. 그들의 발자취를 돌아보면서 나의 발자취는 어땠을까? 나는 시간에 흔적을 남겼을까를 생각하면서 그만 웃고 말았다. 그러나 커다란 위안이 되었다.

예술가들의 시간은 모든 사회적 제약으로부터 자유로웠다. 또 다른 세상을 보는 느낌이었다. 그들이 자유와 기쁨, 행복을 추구하는 모습을 감동적으로 바라보았다. 아니 깊은 인상을 받았다. 나는 '다다'를 통해 보는 법을, 시선을 배웠다. 무엇보다 단 한 번의 붓질이 그렇게 오랜 경험과 성찰에서 비롯된 확신임을 알았다.

그리고 스스로에게 물었다.

"너는 자유롭니?"

일어
서야겠다

나는 누구인가?
어디로 가는가?
걷다 보면 길이 열린다.

신념은 자유다

12월 14일에 나는 제주에 있었다. 이날은 내게 새로운 날이었다. 한라산 백록담에 올랐다. 백록담은 바람으로 가득 찼고, 몹시도 추웠다. 백록담으로 향하면서, 걷기는 세상 밖으로 외출하는 것임을 알았다. "나는 누구인가? 나는 어디로 가는가?" 나는 순례자가 된 것처럼 느껴졌다.

발로, 아니 몸으로 걸었다. 시간이 갈수록 단순해져 갔다. 나를 마주 바라볼 수 있었다. 불현듯 세상을 향해 말하고 싶어졌다. 나의 삶을 기록해야겠다는 생각이 들었다. 그렇게 페이스북(이하 페북)을 시작했다.

예전에 나는 나를 알린다는 생각 자체가 없었다. 홍준표 의원의 정치철학을 이어 가는 데서 나의 정체성을 찾았다. 그러다 보니 페북도 사실상 '홍준표 의원의 글' 퍼 나르기 용도로 사용했었다.

사실 12월 14일은 나의 주민등록상 생일이었다. 한밤에 페북에 글을 올리며 묘한 흥분을 느끼기도 했다. 내 삶의 새로운 성장을 시작하는 날이기도 했기 때문이다. 성장은 냉혹한 세상의 현실과 부딪치는 과정에서 경험을 통해 성숙하고 자신을 발견하는 과정이다. 어떤 의미에서는 '신념은 자유다'를 알아가는 데 있어서 반드시 거쳐야 할 통과의례다. 내 인생의 목적을 찾는 과정이며, 확신을 얻는 힘이다.

12월 14일이 내게는 그랬다. 그래서 페북을 통해 '한라산 종주 단상'의 글을 남겼다. 나는 페북을 쓰면서 해방감에 가까운 느낌에 사로잡혔다. 세상을 향해 쓰는 글이 나를 깨우쳐 주었다. 그러면서 알았다. 세상에서 무너져야 세상에서 일어설 수 있음을……

정상은 늘 새롭다

나는 '왜 산에 오르는가' 하고 사람들이 물을 때면 '산이 거기에 있어 그곳에 간다'고 생각 없이 답해 왔었다. 그러다 산을 오르면서 내 힘을 느꼈고 나의 의지를 확인하는 때가 많았다.

나는 산을 오르다 보면 무엇인가에 대해 상상의 대화를 했다. 그러다 의외의 답을 찾을 때도 있었다. 내가 걷는 발자취를 보면서 잃어버린 기억들도 찾았다. 생각이 생각을 이어갔다. '이 산은 무엇일까?, 왜 오를까?'를 스스로 묻고, '내 힘과 의지를 느끼고 싶다'고 답하곤 했다.

그러다 정상에 도달한다. 그리고 뒤돌아보면 산행 과정에서 나의 욕망과 싸우는 모습을 종종 깨닫는다. 쉬고 싶은 욕망, 빨리 걷고 싶은 욕심, 고통을 극복하려는 욕구를 보면서 자극에 저항하려는 나를 본다.

그러면서 산을 오르는 과정에서 만나는 그 빛, 차가운 공기와 낯선 공간과 여기에 나의 숨결이 보태진다. 그러다 문득 뒤돌아보면 생의 벅참을 깨닫는다. 나는 온전한 감동 속으로 빠져든다.

정상은 늘 새로운 순간이다. 아니, 온몸으로 이뤄낸 과정을 되새기며 나를 새롭게 느낀다. 때때로 바람을 타고 추억도 날아든다.

그리고 비상한 아름다움에, 충만함에 경탄의 탄성이 솟구친다. 세상을 바라보는 새로운 시각을 배운다. 내 삶을 받아들이는 또 다른 언어를 엮어내면서 세상살이의 깊이가 견고해지길 간구한다. 오늘도 한라산 정상에서 그 차가운 바람을 타고 새 한 마리가 솟구친다. 마치 내게 걸어온 길을 뒤로 두고 내게 새로운 길을 찾으라고 말하는 듯하다.

그렇다. 걷다 보면 길은 열린다. 이렇게 생각하면서 '걸어야겠다 아니 일어서야겠다'고 다짐했다.

백록담: 한라산 백록담은 내 인생의 새로운 모멘텀이 되었다.

동대문을 걷다

왜 나는 하늘을 못봤을까?
울타리 너머에는
또 다른 세상이 있었다.

길은 가도가도 끝이 없었다

12월 20일 눈이 내렸다. 눈과 비가 오는 날이면 종묘를 찾고는 했다. 이날도 종묘에 들어섰다.

종묘의 건축적 질서는 눈과 비가 오는 날의 정적인 분위기에 맞아떨어진다. 종묘는 조선왕조의 제례 공간으로, 신의 길을 따라가다보면 35칸의 정전과 24칸의 영녕전을 만날 수 있다.

그리고 칸칸이 붉은 기둥이 반복된다. 사진에 찍힌 반복이 영원 속으로 빨려 들어갈 듯 강렬하다. 칸칸이 이어지는 질서는 왕조의 영속을 기원하는 듯하다.

정전과 영녕전을 만나고, 문득 발걸음을 돌려 신의 길을 벗어나 본다. 불현듯 시선이 멈추어진다. 시간도 멈춰버린듯 정전과 영녕전 뒷모습에

종묘: 종묘는 칸칸이 이어지는 질서 속에 적멸의 순간을 느끼게 했다.

말을 잃었다. 적멸의 순간처럼 느껴졌다. 종묘의 은유적 공간이 완벽해 보였다.

뒤돌아 나오면서 생각했다 '나의 뒷모습도 정전과 영녕전처럼 아름다울 수 있을까? 이제 나의 뒷모습을 어떻게 만들 수 있을까?' 그렇게 두서 없이 거닐다 동대문에 들어섰다.

동대문! 그래 동대문은 추억이 어린 동네였다. 아버지는 여주 출신이신데 장호원에서 조그만 구멍가게를 하다 서울로 이사를 하셨다.

아버지는 친구들의 권유로 동대문 시장에서 실 가게를 내셨다. 그러나 석유 파동으로 가게를 접으면서 힘든 시절을 보낸 기억이 있었다. 나는 그 동대문을 걷고 있었다.

동대문을 사진에 담았다. 옛날 이대 병원이 있었는데 이대 병원은 어디로 갔는지 없었다. 대신에 잘 정돈된 성벽의 공간을 마주했다. 성벽에서 동대문 스틸 사진 컷을 여러 장 찍었다. 2014년 책을 쓴 이후로 무언가를 만나면 사진을 찍는 습관이 생겨서 그날도 여지없이 담아두었다.

불현듯 옛 기억이 떠올랐다. 중학교 시절이었다. 스케이트가 유행이었으나 나에게는 스케이트를 살 돈이 없었다. 아버지는 스케이트가 사치품이라는 생각을 고수하셨다. 스케이트는 3,000원 정도였다. 지금이야 적은 돈이지만 당시엔 정말 비싼 사치품이었다. 할 수 없이 다른 방도를 찾아야 했다.

궁리 끝에 친척을 찾아 모금 방책을 세웠다. 다행히 서울에는 우리보다 부자 친척들이 살고 있었다. 신길동 고모와 마포 삼촌, 그리고 신촌의 사촌 누님들이 있었다.

아버지께 신길동과 마포, 신촌에 갈 차비를 얻는 일도 만만치 않았다. 어머니와 상의 끝에 스케이트 구매 전략을 말씀드리고 차비를 융통하였다. 50원 정도를 마련하여 당당하게 친척 집을 찾았다.

지금 생각해보아도 나는 염치가 없었던 것 같다. 넉살 좋게 스케이트의 필요성을 일장 연설하면 친척 어른들은 공감을 표해 주셨다. 그러나 잠을 자고 나도 돈을 주지 않으셨다. 큰고모와 작은어머니, 사촌누나들은 하나같이 큰고모부나 작은아버지를 핑계를 댔고, 돈은 언감생심이었다. 자존심은 있어서 친척집을 몰래 빠져나오다 보니 그나마 가끔 받던 차비도 건질 수 없었다.

그래서 그 추운 날 신촌부터 답십리까지 하염없이 걸었다. 길은 가도 가도 끝이 없었다. 그렇게 걷는데 동대문이 나왔다. 그 당시의 감격

동대문: 동대문을 걸으면서 나는 새로운 삶의 경계에 들어섰다.

은!……

동대문을 걷기 시작했다

그랬던 동대문을 오늘 걷다가 마주친 것이다. 감회가 새롭다는 말이 떠올랐다. 한동안 동대문 주변을 서성였다. 얼마나 지났는지 배가 고파 무작정 잔치국수 집에 들어갔다. 5,000원짜리 잔치국수를 먹었다. 스케이트값(3,000원)보다 비싼 성찬을 먹고 있었다.

사람은 절대 잊을 수 없는 순간의 기억이 있다. 오늘 그것을 새삼 깨달았다. 동대문과 그 순간의 감동! 어디서인지도 모를 강렬한 감정으로 터지는 느낌이 들었다. 내 영혼에 새로운 감동을 불어넣어 주었다. 그 순간이 내 인생을 새롭게 했다.

그리고 동대문을 걷기 시작했다.

그러면서 새롭게 알게 되었다. 모든 것은 변한다. 견딜 수 없는 슬픔, 고통, 행복의 시간도 어차피 지나간다. 문득 쳐다본 서울 하늘은 구름 한 점 없이 눈이 부셨다.

그동안 어디를 가도 참담한 패배감으로 어지러웠다. 그러나 머리 위의 마른 하늘에는 이제껏 알지 못한 고요와 정적만이 있었다. 왜 나는 하늘을 보지 못했을까?

생각의 울타리를 넘는 수밖에 없었다. 울타리 너머에는 또 다른 세상이 있었다. 이것을 몸으로 알기가 참으로 어려웠다. 어느 순간 행복하게 걷고 있는 내 모습을 보고 회생하는 봄이 떠올랐다.

그렇다. 모든 것은 봄에 또다시 새로운 생명을 틔운다.

새로운 시간을 찾아서

처절한 패배를 당하면서
비로소 성장하였음을 깨달았다.
삶의 아픔을 통해서
성숙해짐을 알았다.

삶이 아름다운 것은 회상 때문이었다

삶이 어렵고 힘들면 떠나거나 책을 손에 들곤 했다. 어느 날 프루스트의 <잃어버린 시간을 찾아서>를 뽑아 들었다.

"어머니가 마들렌 과자를 사오게 하셨다. 울적해진 나는 마들렌 조각이 녹아든 홍차 한 숟가락을 입술로 가져갔다. 과자가 섞인 홍차 한 모금이 내 입천장에 닿았다. 순간 나는 깜짝 놀랐다. 내 몸속에 전율이 흘렀다. 이유를 알 수 없는 기쁨이 나를 사로잡았다."

마들렌 과자가 프루스트를 회상에 빠지게 했다. 삶이 아름다운 것은 회상 때문이었다. 사람들은 기억을 통해 새로움을 얻고, 더 나은 세상으로 나아갔다.

나도 우연히 마주친 아버지의 외투를 보고 눈물을 터트리고, 회한의 한숨을 쉬었던 적이 있었다. 책은 나의 눈을 뜨게 해주는 힘을 갖고 있었다. 나의 이야기들을 다시 한 번 바라볼 수 있게 해주었다. 마들렌 과자의 전율이 내게도 찾아왔다.

홍준표 의원의 경선 패배는 나의 삶을 돌아보게 했다. 나의 삶에 박혀있던 수많은 아픔이 주마등처럼 흘러갔다. 그러면서 알았다. 문제가 있어야 해법을 찾았고, 고통스러운 아픔을 겪고 나서야 성숙해졌고, 처절한 패배를 당하면서 비로소 성장하였음을 깨달았다. 삶의 아픔을 통해서 성숙해져 왔다는 사실을 알았다. 새로운 세상은 고통을 이겼을 때 시작되었다.

정치는 무척 단순했다

이번 동대문구청장 출마 선택의 과정도 똑같았다. 대선 경선 패배의 아픔이 새로운 생각으로 바뀌면서 상처를 극복할 수 있었다. 패배의 아픔을 오롯이 대면했을 때 나의 길을 찾았다. 내 삶의 모든 경험이 나를 이곳으로 이끌었다. 서울 시내를 무작정 걸었다. 제주로, 강릉으로, 설악산으로 여행을 다녔다.

그리고 친구들을 만났다. 친구들은 내게 잘하는 일을 하라고 조언해 주었다. 한 번은 대선 경선을 도와주었던 동지들과 만났다. 대선 정국은 물론 나의 진로에 대한 난상토론을 벌였다.

친구들은 내게 패배 의식을 버리라고 했다. 그러기 위해 대선의 보수 전열에 합류하라고 했다. 깨끗한 승복을 통해 새로운 전선에 참여토록 종용했다.

　나는 친구들의 조언을 받아들여 윤석열 대통령 만들기에 나섰다. 정치는 무척 단순했다. 가서는 안 될 길도 가는 것이 정치였다. 패배는 치명적일 수도 있었지만, 그래도 가야 할 길이라고 생각했다.

　친구들도 새로운 시간을 만들라고 했다. 창업을 하라면서 지방선거 출마를 독려했다. 그렇게 나를 다시 한번 바라보는 계기가 되었고 걷다 보니 동대문에 닿았다.

　프루스트는 마들렌 조각을 맛보고 잃어버린 시간을 찾았다. 나는 홍준표 후보의 대선 경선 패배를 겪고 동대문구청장 출마를 결심했다.

II

동대문
어디로
갈까?

내 길을 간다

'무엇이 나를 앞으로 나아가게 할까?
어떻게 가야 할까?'의 답을 구했다.
내가 걸어갈 원칙과
방향을 정했다.

무엇보다 두려움이 밀려왔다

나는 누구인가? 스스로에게 물었다. 선거운동을 시작하면서 내가 누구
인가? 궁금했다. 나의 가치는 무엇인가? 친구들과 어느 자리에선가 가치
에 대해 이야기를 나눴다. 친구들은 가족, 사랑, 행복한 시간 만들기, 자유
와 평등, 자아 찾기 그리고 조국을 이야기했다.

한마디로 삶의 가치는 우선 순위였다. 나 스스로가 무엇을 가장 중요하
게 여기고 있는가? 그렇다. 이번 지방 선거에 출마하면서 나는 정말 가치
있는 길을 걷고 있는가?를 스스로에게 묻곤 했다.

문득 혼자 있고 싶어져 길을 걷다 교회를 찾아 들어갔다. 교회의 기도
실은 나를 차분히 돌아볼 수 있는 곳이었다. 기도실은 나를 찾을 수 있는

나만의 성소였고, 내면의 목소리에 귀를 기울일 수 있는 공간이었다.

내가 어려울 때마다, 방향을 정할 때마다, 인생을 느끼는 순간마다 나를 돌아볼 수 있는 장소였다. 그 안에서 나는 스스로 나의 친구가 되는 나만의 시간을, 나를 사랑하는 시간을 가졌다. 나는 삶의 벼랑에 설 때마다 교회의 기도실을 찾았다.

그 날은 유권자들을 만나다 돌연 교회의 기도실을 찾았다. 용신동의 어느 교회였다. 도심지의 교회이면서도 소박하면서 교회다운 성스러움이 있었다.

교회 문을 열고 들어갔다. 나는 선거운동을 하면서 무수한 문지방을 넘었다. 그러나 성소는 역시 성소였다. 마음이 두근거림을 느끼면서 발을 디뎠다. 작은 꽃밭과 곳곳의 작은 의자들이 눈에 띄었다. 목사님이 "어찌 오셨지요?" 하고 물으셨다.

얼결에

"기도 좀 하고 싶어서요!"

목사님의 안내를 받아 문을 열자 장의자와 십자가가 뚜렷이 보였다. 가만히 두 손을 모았다. 고개를 숙였다. 시간이 흘렀다. 세상과 점점 멀어져가고 있음을 느끼며 침묵의 공간에 점점 다가섰다. '내가 왜 이곳에 왔을까?, 무엇을 하겠다고 이렇게 다니고 있을까?' 스스로에게, 그리고 하나님께 계속 질문을 던졌다.

'지금 제대로 하고 있는가?' '나는 무엇을 바꿀 수 있는가?' 그러면서 나를 돌아보았다.

무엇보다 두려움이 밀려왔다. 마치 옷걸이에 걸린 옷이 바람에 날려 떨어져버린 것처럼 느껴졌다. 난감했다. 어떻게 할까?를 수없이 되뇌었다.

평소 마음속에 풀리지 않는 의문이 생길 때면 기다렸다. 아니 견뎠다. 말없이 시간을 보내며 질문 그 자체를 사랑하다보면, 그 공간 속에, 시간 속에 답이 있었다. 답은 이미 침묵하는 마음속에 있다.

내 길을 간다

선거 운동은 밑 빠진 독에 물을 붓는 것처럼 끝이 없었다. 제대로 방향을 잡지 않으면 물에 휩쓸려 갈 것만 같았다. 나만의 길을 정해야 했다. '무엇이 나를 앞으로 나아가게 할까? 어떻게 가야 할까?'의 답을 구했다.

내가 걸어갈 원칙과 방향을 정했다.

첫째로 내 길을 간다. 나는 나의 철학과 방향을 따른다. 나는 보수다. 나는 자유주의자다. 나의 핵심 가치는 자유다. 자유란 사유재산제도와 자유시장주의를 토대로 한다. 자유는 자치의 경험에서 나온다. 자유는 책임과

벚꽃길 살구꽃: 벚꽃길에 꽃이 피면 장안벚꽃길은 주민들의 천국이 되었다.

권한을 갖는다. 그러나 나는 정치의 우선성을 믿는다. 그런 점에서 나는 공화주의자다. 나는 공공선을 중시한다.

둘째로 타인을 비난하지 않는다. 타인을 향한 비난은 바로 나 자신의 본질을 드러내기 때문이다. 그래서 타인을 판단하지 않겠다. 사람을 볼 때는 그 사람의 고귀함을 보겠다. 그러기 위해서는 조급증을 버려야겠다. 참을 수 없는 것을 참아야겠다.

셋째로 과거가 아니라 미래다. '어디서 왔는가?'보다는 '어디로 갈까?'를 끊임없이 묻자. '왜' 보다는 '어떻게' 그리고 '무엇을' 할지를 생각하기로 했다.

그렇게 원칙과 방향을 정하니 스스로 위로가 되었다. 아무튼 이번 선거는 새로운 현실이었다. 아니 새로운 전환점이었다. 선거판의 현장을 잘 몰랐다. 무엇보다 나의 나침반이 필요했다. '나는 자유주의자다', '나는 법을 지킨다' 그것이 나의 길이라고 판단했다.

'고장 난 차로는 아무 데도 갈 수 없다. 고장 난 차는 버려두고 가야 한다'는 생각이 들었다. 해결의 열쇠는 고장 난 차의 상황에서 빠져나오는 데 있었다. 이때의 답은 한 발을 내딛는 거였다. 내 길을 가는 거였다. 그렇게 시작하였다.

나 자신을 무장하자

나를 바꾸어야 했다.
세상을 표현하는 생각도,
자세도 새로워져야 했다.
누구의 말도 경청했다.

나는 선수가 아니라 관객이었다

또다시 나를 돌아보았다. 나는 정치 신인이었다. 정치 현장에서는 유치원생이었다. 정치의 요체인 뻔뻔함이 없었다. "정치 현장에서 뻔뻔함이란 언제, 어디서나 자신이 누구인가를 말할 수 있는 능력이다." 나는 늘 나의 견해를 밝히거나 다른 의견을 말하는 것을 주저했다. 국정원에서의 28년은 늘 그늘이었다. 누구에게도 나 자신에 대해 속 시원하게 밝힌 적이 없었다.

게다가 내가 성장한 당시의 배경, 교육, 기독교는 나를 선수가 아닌 관객으로 만들었다. 요즘도 불현듯 나를 돌아보면 아직도 정치 현장의 선수(정치인)로서가 아니라 관중석의 관객으로 서 있는 나 자신을 보고 깜짝깜짝 놀라곤 한다.

나는 무엇보다 공감 능력이 부족했다. 정보를 다루면서 냉정한 이성을 우선시하는, 있는 그대로의 세상에 젖어 있었다. 물론 뛰어난 정보꾼들은 현실 너머의 세상을 볼 줄 아는 눈을 갖고 있었다.

그러나 나는 대상의 고통과 슬픔에 공감하기보다는 방관자의 시각을 갖고 있었다. 한마디로 감정 이입 능력이 부족했다. 다름을 다름으로 인지하는 감수성이 떨어졌다. 어떤 의미에서 정치적 올바름이 부족했다.

나를 바꾸어야 했다. 어제의 국정원 직원에서 오늘의 정치인으로 나를 변화시켜야 했다. 아니, 어제의 세상 보기는 유지하되 세상을 대하는 태도를 바꾸어야 했다. 세상에 대한 생각도, 자세도 새로워져야 했다. 어제의 생각을 더욱 쇄신해야 했다.

나를 새롭게 만들어야 했다

'정치란 무엇인가?'를 되물었다. 원론적으로 주민의 삶을 바꾸는 틀이라는 생각은 맞았다. 그렇다면 방법적으로 정치를 어떻게 할 것인가? 그리고 어떤 자세를 취해야 하는가? 정치는 새로운 길을 만들어 내는 것이다. 정치는 누구도 가지 않는 길을 뚜벅뚜벅 갈 수 있어야 한다. 정치는 누구도 상상할 수 없는 일을 하고, 누구도 해낼 수 없는 성과를 만들어 내는 것이다.

이렇게 새로운 길을 내려면 나 자신을 새롭게 무장해야 했다. '전쟁은 피를 흘리는 정치고, 정치는 피를 안 흘리는 전쟁이다'라는 격언을 마음속 깊이 새겼다.

나는 나를 새롭게 만들어야 했다. 어디서부터 시작해야 할까? 어느 곳에 서서 말해야 할까? 나의 정체성은 무엇일까?를 고민했다. 그렇다! 철학이 있어야 했다. '나는 자유주의자다. 나는 보수주의자다. 따라서 국가와 국민을 지켜야 한다.' 그러나 공허했다.

보수의 가치를 지킬 줄 아는 정치인은 어디에 서 있어야 할까? 그러다 헌법 전문이 눈에 들어왔다. 무심코 헌법 전문을 필사했다. 헌법 전문은 한 문장이었다. 1948년 7월 12일 제정되었고, 8차에 걸쳐 개정된 헌법을 국민투표로 개정하였다. 헌법이 가진 힘과 시간의 무게를 새롭게 깨달았다.

대한민국은 유구한 역사와 전통에 빛났고, 짓밟혀도 저항하며 자유민주주의를 꽃피웠다. 3.1운동과 4.19정신을 계승했다. 민주주의, 경제 발전을 이룩하고 평화 통일에 대한 꿈의 여정을 계속하고 있었다.

그러면서 다짐했다. 헌법 정신을 구현하는 준법 선거를 하자. 도서관에서 잠자는 헌법이 아니라 현장에서 살아 숨 쉬는 헌법 정신을 구현하자고 마음을 먹었다. 무엇보다 대한민국 헌법 제 10조가 눈에 들어왔다.

'모든 국민은 인간으로서 존엄과 가치를 가지며, 행복을 추구할 권리를 가진다.'

만약 당선된다면 우선 동대문이 행복을 추구할 권리를 실현해보고 싶었다.

헌법 1조 2항의 '모든 권력은 국민으로부터 나온다.'를 보면서 주민이 답이었음을 깨달았다. 그 이후 누가 '너의 철학이 무엇이냐?'를 물어오면

골목: 동대문은 아직도 오래된 미래의 이야기가 있다. 골목을 이루는 역사가 있다.

서슴없이 답했다.

'내 철학은 주민의 목소리다.'

그렇다! 주민의 목소리가 방향이었다. 무엇보다 주민의 목소리를 담을 수 있는 시민공동체의 필요성을 깨달았다. 시민공동체가 만들어질 때 주민의 목소리가 형성될 수 있음을 알았다.

이러한 공동체에 대한 희생과 헌신이 보수였다. 보수의 핵심가치는 개인의 자유였다. 그리고 보수는 국민을 지킨다는 기본 명제를 수호하는 태도를 언제나 견지했다. 따라서 나도 '나는 보수다'를 부끄럽지 않게 주장하기로 했다.

뻔뻔함과 겸손함으로 무장하자

다름을 인정하기로 했다. 우리가 삶 속에서 감당해야 할 싸움이 무엇인가를 찾았다. 무엇보다 민주주의라는 가치에 집중하였다. '민주주의는 우리 자신 안에서 시작된다. 내부의 긴장을 끌어안아라'라는 말을 가슴에 새겼다. 어디에서나 다름을 인정하기로 했다.

<미국민주주의>를 쓴 알렉시 드 토크빌은 옳았다.

"당신은 미국에 발을 딛자마자 왁자지껄한 분위기를 만나게 된다. 여기저기 혼란스럽고, 떠들썩하다. 수많은 목소리가 당신의 귀에 닿는다. 한 구역의 주민들이 모여서 교회 건축을 결정한다. 다른 구역에서는 대의원을 선출한다. 마을에서는 도로나 학교에 대한 논쟁을 벌인다. 어떤 시민들은 정부 정책의 반대 집회를 한다. 민주주의는 사회 전체에 끊임없는 활력과 엄청난 힘을 불어넣는다. 사회는 그 에너지로 존속한다."

이러한 요구들 하나하나가 사회적 필요였다. 민주주의는 가족, 동네, 교실, 일터, 종교공동체, 자발적 결사체 등 우리 주변에서 움직였다. 이들은 무엇보다 달랐다. 동의하지 않을 자유를 갖고 있었다. 의견은 같을 수도, 다를 수도 있었다. 동의하지 않을 자유가 민주주의의 토대였다. 그래야 더 좋은 답을 찾을 수 있었다.

선거 운동 기간 내내 다름을 찾아다녔다. 누구의 말도 경청했다. 길에서, 카페에서, 식당에서, 상점에서 동대문에 관한 내용이든, 중랑구, 성동구 이야기든 끝까지 들었다. 이것이 나의 커다란 동력이 되어 주었다.

셋째로 선거에서 살아남기 위해서는 뻔뻔함과 겸손함으로 무장해야 함을 알았다. '왜 할 수 없는가?'보다 '어떻게 할까?'에 초점을 맞추었다. 왜냐면 사람은 마음속 생각대로 됨을 알고 있었기 때문이다. 그래서 낮이나 밤이나 '할 수 있다'를 되뇌었다.

예전에 보험판매원에게 들었다. "한 건의 계약 성사를 위해 포기하지 않고 끊임없이 찾아다닌다. 그렇게 문을 두드리면 되었다." 모든 답은 내 안에 있었다. 자기 훈련이 되어 있어야 했다. 나의 삶은 나의 시간만큼 성장했다.

뻔뻔함은 시간과 가치관에서 나옴을 알았다. 나의 목표에 눈을 맞추면 장애물은 별 문제가 되지 않았다. 어떤 상황에서도 나는 선택해야 했다. 나의 삶의 방식을 선택하고, 주저 없이 밀고 나가기로 했다. 흐르는 물은 쉬지 않는 법이다.

그리고 겸손함은 상대를 비난하지 않음에서 왔다. 나의 고질적 병폐는 흠잡기였다. 정보 수집 활동을 해서 그런지 취약점과 흠집이 잘 보였다. 누구를 칭찬하기가 쉽지 않았다. 사람들의 비겁함과 허세, 비열함이 먼저 인식되었다. 성급하고 조급해했다.

겸손, 겸손 그리고 겸손을 되뇌었으나 말뿐이었다. 앞서 판단하지 말자고 생각했으나 늘 판단했다. 겸손을 실천하기가 정말 어려웠다.

어느 날 친구가 말했다.

"사람에 대한 부정적 평가가 사람을 교만하게 만든다. 부정적인 것은 사람의 마음에 쉽게 자리를 잡는다."

이 말이 가슴 속에 와닿았다. 남보다 나아지려는 마음이 교만이라, 교만의 방을 부숴야 했다.

우선 평상심을 가져야 했다. 평상심은 흔들리지 않음이었다. 외견상 평상심은 말하지 않음이었다. 우선 마음속으로 정하되 표현하지 않아야 했다. 마음속으로 옳고 그름만을 생각해야 했다.

그런데 의식적으로 '말하지 말자'를 반복하면 견딜 수 있었다. 반복의 힘은 놀라웠다. 그렇게 침묵을 배웠다. 침묵이 처음에는 견딜 수 없었다. 무엇보다 견디기 힘든 것이 불평과 변명하지 않기였다.

사실 나는 버릇처럼 불평하고, 변명하고, 상처를 숨겼다. 그럴수록 상처는 깊어갔다. 잡을 수 없는 저 별을 잡는 돈키호테와도 같았다. 그러다 어느 날 답을 찾았다. 이럴 때는 뻔뻔함이 아니라 겸손하게 내 상처를 인정하면 되겠다고 생각하였다. 순간 마음이 평온해졌다.

거리에
나서다

나도 모르게 전해준 명함을
할머니가 받아들자 강렬한 햇빛과 함께
새로운 세상이 열렸다.

모든 시작에는 마법이 있다

2022년 3월 9일 대선이 끝났다. 국민의힘은 대선이 끝날 때까지 당원들에게 대선에만 총력 경주하게 했다. 지방선거 운동 활동을 금지했다. 나도 틈나는 대로 동대문을 걷는 것 외에 달리 방법이 없었다. 그러면서 틈틈이 동대문을 기록했다.

우선 사무실을 구하는 것이 급선무였다. 참모들이 "세에 밀리면 안 된다"고 하여 청량리와 제기동을 염두에 두고 물색을 하였다. 그러나 이미 사무실은 동이 나 있었다. 우리는 동대문에 네트워크가 없었고, 사무실을 구하기가 어려웠다.

L 전 의원이 손을 내밀어 주었다. 자신의 사무실이 장안동에 있다면서

사무실을 빌려주었다. 집기도 구비되어 있었고 선거 전략적으로도 최적의 입지 조건을 갖추고 있었다. 그러나 호사다마라고 선거법을 검토해보니 선거법 위반 소지가 있었다. 할 수 없이 다른 사무실을 얻으러 이리 뛰고 저리 뛰었다.

하늘이 무너져도 솟아날 구멍이 있다더니 촬영소 고갯마루에 사무실이 있었다. J 전 의원이 길가에 붙은 전화번호를 보고 집주인과 통화를 해 좋은 조건에 사무실을 얻을 수 있었다.

그러나 선거 사무실은 1층이라는 조건과 검소한 이미지 외에는 거의 최악이었다. 입지 조건이 나빴다. 우리 캠프 스스로도 하꼬방(판잣집)이라고 불렀다. 그래도 캠프 운동원들은 하꼬방의 기적을 만들자고 결의하면서 의지를 불태웠다.

사무실을 구한 뒤 캠프를 채우기 위해 백방으로 인재를 수배하였다. 동대문 갑과 을 지역을 나누어 조직책 인선을 위해 명단을 작성했다. 개인적 인맥을 활용하여 여기저기 수소문하였으나, 동대문 사람은 단 두 명만이 우리를 지원하겠다고 나섰다. 지금 생각하면 어이없는 일이었으나, 당시에는 그마저도 감사한 일이었다.

3월 21일 명함을 집어 들고 캠프를 나섰다. 수많은 생각이 오갔다. 명함을 전하지도 못하고 돌아섰다. 사무실을 이리저리 말없이 돌아다녔다. 다시 명함을 들고 문을 나섰다. 운동원들이 "잘 다녀오세요"하는 말이 겸연쩍게 들렸다.

문을 나섰으나 막막했다. 어떻게 하지? 뒤따르는 운동원을 말없이 쳐다보았다. 슬며시 웃어주는 모습이 공연스레 미안함을 더했다. 나 스스로 어색하고 부끄러웠다. 다시 촬영소 사거리에 섰다. 가만히 눈을 감았다. 성경 말씀이 떠올랐다. 시편 34편 1절이다.

'여호와여 나와 다투는 자와 다투시고, 나와 싸우는 자와 싸우소서'라고 부르짖는 다윗의 모습이 처절해 보였다. 지나가는 할머니가 나를 안쓰럽게 쳐다보셨다.

"뭐 허우?"

"예 선거합니다."

"명함 하나 주어요!"

"여기 있습니다! 고맙습니다! 열심히 하겠습니다."

나도 모르게 응답하고는 쏜살같이 그 자리를 피했다. 등에는 식은땀이 솟아나고 얼굴은 흠뻑 젖었다. 그래도 모든 시작에는 마법이 있다는 말처럼 나의 시작도 마법같았다. 나도 모르게 전해 준 명함을 할머니가 받아들자 강렬한 햇빛과 함께 새로운 세상이 열렸다.

나 원래 뻔뻔하잖아!

그렇게 3월 21일 명함 50여 장을 돌렸다. 어떻게 돌렸는가 기억에도 없다. 그저 손을 내밀어 명함을 유권자들께 전해드렸다. 집에 돌아오면서 "내일은 어떻게 하지?" 스스로에게 물었다. 막막함을 어떻게 표현할 수가 없었다.

잠자리에 들어도 잠이 오지 않았다. "어떻게 하지?" 뒤척이면서 무릎을 꿇었다. '여호와여 나와 다투는 자와 다투시고, 나와 싸우는 자와 싸우소서' 외에 아무 생각도 없었다. 그러다보니 잠이 들었다.

아침이 왔다. 일어나기가 싫었다. "어떻게 하지?"만 되뇌이고 있었다. 이때 집사람이 "힘들지요?" 물었다.

"아니! 나 원래 뻔뻔하잖아!"

주문처럼 답변하였으나 마음은 왜 이렇게 허전한지 알 수 없었다. 그렇게 집을 나섰다.

3월 22일 집을 나서면서 오늘은 100장은 돌려야겠다고 목표를 세웠다. 사무실을 들어섰다.

정치권 출신 C형이 "원래 명함 돌리기가 만만치 않아요!" 한다.

"괜찮아! 나 잘 돌려!" 답은 그렇게 하였으나 뒷골이 땡길 정도로 긴장이 몰려왔다.

C형이 "천천히 하세요!"

"그렇게 해서야 되나! 전력투구해야지!" 말은 청산유수로 되받았다. 그런데 문을 어떻게 나서야 할까? 고민되었다. 여기저기 전화를 돌리며 이 이야기 저 이야기로 시간을 보냈다. 다행히 12시였다. 점심을 먹었다. 또다시 사무실로 들어왔다.

그래도 C형이 편을 들어주었다.

"너무 서두르지 마세요! 긴 싸움입니다. 그래도 명함이 답입니다."

서두르지 말라면서 명함이 답이라니……

"누구는 모르나? 어떻게를 알려주어야지"

혼잣말을 하면서 꾸역꾸역 문을 열었다.

하늘을 쳐다봤다. 구름 한 점 없는 하늘이었다. 해는 중천에 높게 떴다. 4월인데도 날은 왜 그렇게 따가운지 덥기까지 하였다. 문을 나섰다. 나는 어색하나 용감하게 젊은 여성에게 명함을 건네주었다.

"어머! 후보님이세요?"

"예 이필형입니다! 잘 부탁합니다. 열심히 하겠습니다!"

"잘하세요! 응원합니다. 국민의힘!"

"잘하겠습니다! 고맙습니다!" 하면서 나도 모르게 거리를 향해 머리를 들었다. 왠지 모르게 힘이 났다. 용기라고 할까? 용기일 수 있었다. 용기는 상황을 겁내지 않는 마음의 기개였다.

나도 일어서야 했다

그날 나는 용기를 배웠다. 새로운 일을 할 때, 새로운 길을 갈 때, 불확실할 때, 상황을 알 수 없을 때 용기가 필요했다. 그리고 제복의 힘을 느

하꼬방: '동동동대문을 열어라'라고 외친 사무실에 '쾌적하게, 안전하게, 투명하게'를 걸었다.

껐다. 어디를 가도 "국민의 힘 구청장 후보세요?"냐며 사람들이 물었다. 나는 국민의 힘 구청장 후보였음을 새롭게 깨달았다.

제복의 힘! 우리는 군인이던 시절 군복을 입었다. 군복만 입혀놓으면 군인이 되었다. 군인은 어디서나 군인이었다. 마찬가지로 제복을 입혀놓으니 제복에 걸맞는 사람이 되었다.

어느 의미에서 제복은 얽매임이었다. 제복에 맞게 행동하게 했다. 구별되게 했다. '국민의 힘' 당복이 나를 정치인이 되게 만들었다. 유권자들에게 단지 이필형은 '국민의 힘' 후보일 뿐이었다. 인간 이필형은 이미 없어지고 정치인 이필형이 새롭게 태어났음을 깨달았다.

너무 힘이 들어 그늘에서 쉬다가 큰 딸아이의 영상을 받았다. 손녀딸이 걷기 시작하였다는 소식이었다. 약간은 뒤뚱거리면서 기어코 한발 한발을 떼었다. 그리고 넘어지고 또다시 일어나서 걸음을 떼었다. 별안간 가슴이 뭉클해졌다.

배봉산: 배봉산을 보면서 나는 일어설 수 있었다.

손녀딸은 걷기 위해 넘어졌다. 일어서고 넘어지고 제 엄마의 손을 잡고 기어코 일어섰다. 첫걸음마는 단번에 습득되지 않았다. 한 발을 떼는 모습을 보면서 경계를 넘는 모습이 보였다. 일어서야겠다는 뚜렷한 의지와 시도를 보면서 삶의 의지가 느껴졌다.

나도 일어서야 했다. 아니 일어서야겠다. 그리고 나는 일어서는 방법을 생각했다. 나는 나를 세일즈하고 있음을 알았다. 세일즈맨의 기본 원칙은 포기하지 않고 끊임없이 찾아다니는 것이었다. '세일즈맨은 공손하다. 세일즈맨은 경청한다. 세일즈맨은 두려움을 넘어선다.'는 생각이 들었다.

공손함은 말을 조심하는 것도 중요하나 그것은 차이를 존중하는 데서 온다. 경청은 상대를 존중함이었다. 두려움을 넘어서기가 정말 힘들었다. 두려움은 멈춤이었다. 두려움은 숨 막히는 흥분감이었다. 두렵다면 두려워도 해야 한다는 절박감이 들었다.

그러다 어느 순간 '흐르는 물은 쉬지 않는다. 강물은 바다를 포기하지 않는다.'라는 생각이 들었다. 때때로 말은 경이롭다.

그래 두려움과 함께 흘러가는 거다. 세상의 시각은 세상의 생각일 뿐이다.

생각의 힘이 나를 성장하게 했다. 모든 답이 이미 내 안에 있었다. 나의 삶은 나의 시간이고 내게 주어진 시간만큼 성장함을 알았다. 도심의 거리를 누비면서 알았다. 나는 개인적으로 다니는 것이 아니었다. 사적인 영역에 갇혀서도 안 되었다.

비록 두렵더라도 한 걸음을 내디뎌야 했다. 무엇인가를 시도해야 했다. 내가 먼저 마음을 열어야 함을 깨달았다. 마음을 열고 나를 왜소하게 만들었던 것들을 끌어내렸다. 그것이 내 마음을 강하게 했다.

그리고 걸었다. 걷기는 끝없는 책과 같았다. 책을 따라 몸이 이끄는 대로 갔다. 세상이 새롭게 열렸다. 공적 영역을 깨달아 가면서 서로 다름에도 진정으로 함께 하는 법을 알아갔다.

공적 영역에서 만난 사람들과 함께 우리가 원하는 세상을 향해 발걸음을 내딛는 법을 배웠다. 낯선 시민들과 함께 하는 시간을 배웠다. 그들과 사회적, 정치적 유대가 생겨났다. 어느덧 나는 참여적 시민이 되어 갔다.

동대문의
중심을 만나다

우리가 서로를
존중하지 못하게 갈라놓는 것들 사이에
다리를 놓는 법을 배워갔다.

당신은 누구냐?

선거운동은 유권자를 찾아 떠나는 여행이었다. 무작정 걸었다. 거리와 골목을 걸었다. 상가를 떠돌았다. 동대문은 나의 고향이었으나 너무 오래된 시간 속에 묻혀있었다. 여행하다 보면 목적지를 바로 앞에 두고 몇 시간씩 헤맨 적이 있었듯, 지금의 상황이 그랬다.

우연히 만난 유권자들과도 말 한마디 나누기가 쉽지 않았다. 스스로 자괴감이 들었다.

"뭐! 네가 하는 일이 그렇지 뭐!"

명함을 건네주면 "당신은 누구냐?"고 물었다.

"국민의 힘 후보들은 다 아는데 처음 보는 사람이네"

이구동성으로 이방인에 대한 거리감을 보였다. 지방정치의 현장이 어떤지를 절실히 깨달아 가고 있었다.

'어떻게 인지도를 극복할까?'를 고민했다. 명함 전달이 답이었다. 어떻게 하든 명함을 통해 승부할 수밖에 없었다.

우선 "당신은 누구냐?"에 어떻게 답할까를 고심했다.

그러다 문득 이필형은 이름이 어렵고, 기억하기 힘드니 보다 쉽고 친근한 이미지의 예명이 필요했다. '2번 필승'구호에서 '이필승'을 생각해 냈다. '이필승'과 이필형은 연결점이 좋았다.

"당신 누구야"를 물으면 '이필승'입니다.

그러면 특이한 이름이네 하면서 명함을 유심히 살펴보았다. 그러더니 대부분 유권자는 "아니 이필형이구만"을 답하면서 슬며시 웃음을 던져주었다.

내심 '됐다'를 외치면서 '이필승'을 외치고 다녔다. 이필승이 친근한 고

장안벚꽃길: 이 길에서 나는 동대문구민들과 깊이 만났다.

리가 되어 "이필승 씨 이리와 봐요?" 하면서 대화의 물꼬가 트이기 시작했다. 나도 예상치 못했던 뜨거운 반응이 이어졌다.

길은 하나의 세상이었다

그러면서 주민들은 "이필승 씨, 구민회관 저렇게 방치된 거 어떻게 생각해요?" 하면서 동대문구의 현안들을 거론하기 시작했다.

중랑천을 가리키면서 "중랑구의 중랑천 관리를 봐요! 동대문구 이래도 돼요?" "찍어주면 뭐해, 당선되면 코빼기도 안 보이는데!" 솔직한 의견에 점점 세상으로 들어가고 있음을 알았다. 피상적으로 보이는 사람들 모습보다 더 깊은 세상의 이야기를 듣게 되었다.

그렇게 걸으면서 여론의 흐름을 깨달아 갔다. 여론을 견인할 중심 무대를 장안동 벚꽃길로 잡았다. 장안벚꽃길은 새벽부터 시작되었다. 아침 운동을 시작하는 사람들이 새벽길을 열었다. 중랑천변으로 아침 체조와 리듬댄스가 이어졌다. 그리고 벚꽃길 한쪽에는 바둑판이 벌어졌다.

길은 그 자체로 나름의 생활 리듬과 고유한 시간을 가졌다. 길은 온종일 풍요로웠다. 길은 놀이터이고, 문화공간이었다. 길은 하나의 세상이었다. 이 세상 속으로 내가 들어갔다.

사람들은 서로 다른 생각을 지니고 있었다. 모두의 사이가 좋을 수는 없었다. 정치란 본질적으로 다름을 인정하는 장이었다. 대화가 되지 않는 사람들은 언제나 있기 마련이었다.

그러나 아무리 어려운 상대라도 공손하고, 정중하고, 예의를 다하면 좋은 적이 될 수 있었다. 우리가 서로를 존중하지 못하게 갈라놓는 것들 사이에 다리를 놓는 법을 배워갔다.

아무리 대화를 해도 합의에 이를 수 없는 상대가 20~30%였다. 반대로 말하면, 차이를 넘어서 배우고, 대화할 수 있는 사람이 60~70% 였다. 여기에 답이 있었다. 중간층을 공략하면 되었다. 내가 비록 정치 신인이지만 충분히 넘을 수 있다는 자신감이 들었다.

길을 가다 명함을 매개로 길가에 서서 이야기를 나누었다. 정치로, 경제로 그리고 동대문으로 관심사를 공유하는 사람들이 늘어갔다.

2008년 미국 대통령 후보 오바마 캠프의 전략을 벤치마킹했다. 오바마 캠프는 사회적, 정치적인 필요와 이익을 공유하는 사람들과 연결하는 방식으로 지지층을 형성하였다.

그들은 혁신적이고 정서적인 훈련프로그램을 만들었다. 오바마 캠프 리더십 개발 프로그램은 마음의 언어를 결합했다. 사람들을 정치에 참여시키는 것은 이익만이 아니라 가치에도 있음을 주목하였다. 가치들의 공유된 경험을 통해 함께 할 수 있었고 서로 행동하도록 동기를 부여했다.

세상의 눈은 세상의 시각일 뿐이다

명함을 건네면서 길거리 토론이 가능해졌다. 오바마 캠프가 가치에 주목했던 것처럼 공유된 가치를 끌어내는 방법을 깨달아 갔다. 거리는 낯선 사람들과 함께 하는 삶이었다. 거리는 낯선 사람들이 자유롭게 섞일 수 있는 곳이었다. 사람들과의 유대가 생기고, 그렇게 정치적 유대가 생겨났다.

나는 거리에서 시민적 덕성을 배워갔다. 마을에서, 장터에서, 공원에서, 놀이터에서, 커피숍에서 낯선 주민들과 섞여갔다. 그곳들에서 만난 주민들은 서로 친숙해져 가면서 더 좋은 친구들이 되어갔다. 네 편, 내 편을 떠나 함께하는 시민공동체의 모습을 배웠다.

주민들과 나와의 창조적인 상호작용이 더해갔다. 나의 민주주의가 성숙해져 가고 거리에서 낯섦이 줄어갔다. 주민을 만나는 두려움도 떨쳐나 갔다.

갈등은 타협해나가고, 차이에 대해서는 토론을 하며 서로 돕는 것이 가능함을 배웠다. 많은 차이에도 우리는 동대문이라는 공동체에서 하나가 되어갔다. 주민들의 생각을 담아 우리가 원하는 동대문을 향해 나아갈 수 있었다.

물레방아: 동대문구 도심 속 물레방아가 힘차게 돌고있다.

눈길이 마주칠 때마다 동대문이라는 울타리를 서로 공유했다. 그러면서 주민들은 내게 가르침을 주었다.

"명함을 당당하게 주어라."

"겸손하게 90도 인사를 정중하게 하라."

"공손하게 예의를 차려라."

"차이의 가치를 인정하라."

명함을 전해주면서 주민들의 마음도 읽어나갔다. 표정에 답이 있었다. 표정은 풍부한 정보를 주었다. 표정에 담긴 마음을 읽어가면서 세상에 새롭게 눈을 떠갔다. 편견의 눈을 감으니 세상이 바뀌어 갔다.

'음악가들은 연주자들의 첫 음을 듣고 연주자가 프로인가 아마추어인가를 판별한다.' 그들은 '바로 저 음이야'를 포착하면 작은 기적을 만난다고 했다. 순간 판단력은 경험의 축적이었다.

사람의 행동도 마찬가지였다. 사람의 행동엔 연속적인 패턴이 있었다. 그 패턴을 읽어냈다. 극복하지 못해도 좋았다. 일단 두려움과 마주한 나의 모습을 보았다.

새로운 자극을 긍정적으로 받아들였다. 나는 흥미롭고 강렬한 여행 속으로 빠져들었다. 어쨌든 순조로웠다. 세상의 눈은 또다른 시각일 뿐임을 알았다. 경험이 위대한 스승이었다. 그리고 유권자들과 악수를 해나가면서 세상을 새롭게 느껴갔다.

나의 한계에 도전하다

동대문구는 새로운 리더십이 필요하다.
낡은 정치 이제 그만 됐다!

"바꿔라, 그래 바꿔, 정말 바꿔라!"

하루 일정은 새벽에 시작되었다. 5시에 일어났다. 아침을 챙겨 먹지 않으면 오전 내내 허기에 시달렸다. 그런데 어느 순간 밥을 넘길 수 없었다. 마치 돌을 씹는 느낌이었다. 살아오면서 처음 있는 일이었다. 목소리도 말라버렸다.

물에 밥을 말아야 먹을 수 있었다. '왜 그럴까?' 아무리 생각해도 이유를 알 수 없었다. 자고 일어나면 입에 돌이 굴러다니는 느낌이었다. 혓바늘도 돋았다. 입안이 사막이었다.

'왜 그럴까?' 불현듯 '물이 부족한 것은 아닐까?' 아침부터 물을 들이켰다. 밥보다는 물이 속을 타고 내려가면서 몸속이 씻겨 내려가는 느낌이 살아 있었다. 목구멍 속에 촉촉함이 남으면서 말하기도 수월해졌다. 물은 목마름, 배고픔, 허기를 충족시켰다.

　그날부터 물을 입에 달고 살았다. 물은 아침부터 시달리던 허기를 채워주었다. 아무리 걸어도 물을 챙겨 먹자 몸은 다시 정상으로 돌아왔다. 나의 몸은 하루 2~3만 보의 걸음과 수많은 말을 더해도 자유로워졌다.

　주섬주섬 명함을 챙겨 들었다. 문밖을 나섰다. 무조건 주민을 만나면 명함을 건네주었다. "안녕하십니까? 이필승입니다. 고맙습니다. 감사합니다"를 수없이 되풀이했다.

　어느덧 두려움도 사라졌다. 마음이 열리고, 생각이 열렸다. 나의 발걸음에 힘이 생겼다. 내 삶에 마법이 시작되었음을 느꼈다. 동대문구청장이 된다는 확신이 들었다. 자유라는 가치의 확고한 자신감이 힘의 근원이 되었다.

　주민의 생각을 알아가면서 힘이 생겼다. 나의 태도가 공손해졌다. 차이의 가치를 알아가면서 공손함이 생활 속에 젖어 들었다. 낮은 자리에서 마음의 문이 열리자 세상에 대한 눈이 떠졌다. 눈을 크게 뜨고 주변을 살폈다. 세상은 나를 응시하고 있었다.

　사무실에만 머물지 않고 세상으로 들어가자, 주민들과 연결될 수 있었다. 나의 명함에 담긴 "동, 동, 동대문을 열어라"에 담긴 메시지가 유권자들에게 화제가 되었다. 소통의 문이 열렸다. 주민들은 하나같이 동대문을 바꿔보자면서 "바꿔라, 그래 바꿔, 정말 바꿔라"고 화답했다.

　시작은 다소 생뚱맞았다. 내부의 참모조차도 "동, 동, 동대문을 열어라"라는 슬로건을 들고 나갔을 때 다소 당혹스러워했다. 그러나 정치 신인인 나에게는 다른 무기가 없었다. "2번에는 이필승"과 "동, 동, 동대문을 열어라" 그리고 "동대문을 바꿔라"를 반복했다.

그러나 메시지는 단순할수록 힘이 있었다. 'Change'라는 메시지가 힘을 받기 시작했다. '바꿔라'는 슬로건이 강력한 메시지가 되어갔다. 유권자들과 소통하는 과정에서 'Change'가 지닌 진정한 힘을 느낄 수 있었다.

이필승은 '바꿔라'로 이어졌다. 유권자들의 호응은 무섭게 번져갔다. 민주당 12년 집권에 따른 기울어진 운동장의 부작용을 현장에서 확인해 갈 수 있었다.

"이번에 후보가 되셔서 확 바꿔주세요!"
"동대문구는 발전하였으나 아직은 미흡하다. 지금과 같은 방식으로는 동대문을 바꿀 수 없다."
"동대문구는 새로운 리더십이 필요하다."
"낡은 정치 이제 그만 됐다!"

하루 3만 보를 걷다

유권자들은 동대문구의 가능성에 대한 변함없는 믿음을 보여주었다. 아이들이 잘 먹고, 안전하다고 믿을 수 있는 터전, 쾌적한 도시가 되었으면 좋겠다. 동대문구의 행정도 아직은 아니라는 시각을 강하게 갖고 있었다. 나는 주민들이 원하는 바를 담아 '쾌적하게, 안전하게, 투명하게'를 나의 슬로건으로 정하고 명함에 넣었다.

슬로건의 힘은 강했다. 유권자들은 동대문이 소박한 꿈을 실현하는 터전, 내 삶의 작은 기적을 체험하는 터전, 내일이 있는 삶을 실현해 주는 터전이기를 원했다. 한마디로 더 나은 미래를 강하게 원하고 있음을 체득해 갔다. 유권자 속으로 더욱 깊숙이 들어갔다.

때마침 장안벚꽃길 축제가 열렸다. 벚꽃길은 인산인해였다. 명함 돌리기에도 속도가 붙었다. 하루 최대 7500장을 돌렸다. 당내 경선 기간에 거의 6만 장 이상을 돌렸다. 그렇게 하루에 3만 보를 걷게 되었다.

이제 벚꽃길이나 배봉산, 청량리시장을 가면 '이필승'은 낯선 사람이 아니라 동대문을 바꿀 아이콘으로 자리를 잡아갔다. 나의 청와대 행정관 경력과 인수위원회 실무위원 참여 경력이 주민들에게 행정가로서의 이미지를 강력하게 심어주었다.

당초 국정원 경력을 민주당 진영에서 나의 약점으로 공략한다는 소문을 듣고 오히려 '이문동 첫 직장, 국정원 28년 근무'를 입 간판으로 만들어 들고 다녔다. 국정원 28년 경험을 통해 '국가 정보를 다루면서 국가 비전에 대한 열정과 헌신, 소통의 자세를 배웠다'고 알렸다.

지역 주민들은 오히려 정정당당하게 자신을 알리는 모습이 좋다면서 '행정가네!'로 화답해 주었다. 주민들은 점차 '이필승'이 낯익어하며 이필승을 변화의 아이콘으로 받아들이기 시작했다.

"동대문을 바꿔보자."

무엇보다 보수세력들이 환호했다. 국민의힘 당원들이 응원해주었다.

청년들이 거리에서 다가왔다. "국민의힘 당원입니다. 응원합니다" 부동산 점포를 방문하면 "나도 당원입니다" 젊은 여성들은 카페에서 "이번에는 국민의힘입니다" 예선도 통과하지 않았으나 나는 본선을 확신했다. 이미 나는 동대문 변화의 상징적 인물로 자리잡아가고 있었다.

사실 명함을 돌리는 것만이 나의 유일한 전략이었다. 지역정치인 7명이 출마 의사를 밝혔다. 이미 당원들은 이들이 선점하였다. 나의 전략은 동대문 걷기 외에는 방법이 없었다. 예비후보 기간 내내 동대문 전 지역의 대로변부터 골목골목 구석구석을 누볐다.

새로운 삶을 위해 한 발을 내딛다

어느 날이었다. 잠이 깼을 때 시간이 흐르지 않는 것 같은 이상한 느낌이 들었다. 고요함이 나를 감싸고 있었다. 아무런 인기척도 없었다. 어두웠다. 알 수 없는 불안감이 칼날처럼 일어났다. 안개와 같은 분위기였다. 숨이 멈출 것만 같았다.

"여기가 어디지?"

시간이 무겁게 흐르고 있었다. 눈을 비벼보았다. 나는 "내가 잠을 자는 것일까?"를 스스로에게 물었다. "꿈속일까?" 침묵의 공간은 끝이 없었다. 시간 개념이 없어져 버린 것처럼 느껴졌다.

핸드폰을 찾았다. 뚜껑을 열자 시간은 새벽 3시였다. 그런데 막막했다. '내가 언제 들어왔는가?' 도무지 밤에 들어온 기억이 없었다. '여기는 어디지?' 새벽은 정적 그 자체였다. 아직도 꾸벅꾸벅 졸렸다. 팔을 뻗자 자명종 시계가 잡혔다. 집이었다.

깊은 침묵의 시간이 이어졌다. 시간은 천천히 흘렀다. 공허함이 몸속에 스며듦을 느꼈다. 마치 잠이 드는 순간처럼 어둠이 몰려왔다. 나는 탈진

배봉산: 배봉산은 108m에 불과하나 나에게는 새로운 삶을 살게해 준 울타리였다.

배봉산 둘레길: 가파르지 않은 숲길이 배봉산 둘레로 이어져 있고 편안한 쉼터가 곳곳에 있다.

한 것처럼 느껴졌다. 그래도 매일 멈추지 않고 꿋꿋하게 걸어왔는데……

나는 이제 무엇을 해야 하는가? 어떤 길을 가야 하는가? 무거운 몸을 이끌고 일어섰다. 내 몸을 일으키는 모습이 신비스러웠다. 내 몸은 탈진을 말하고 있었는데도 나의 내면에는 새로운 힘이 가득 차 있었다. 무엇인지 모르는 행복감에 젖어 들었다.

창문 틈으로 투명한 햇살이 들어왔다. 그 빛을 보고 나도 모르게 깊은 한숨을 뱉었다. 일어나야 했다. 일어나자마자 명함을 챙겼다. 벌써 저만치서 발걸음 소리가 또각또각 들렸다. 동대문은 서서히 잠을 깨어갔다. 거리는 숨을 멈춘 것처럼 느껴졌으나 나의 맥박은 빨라지고 있었다. 새벽의 그림자는 이미 움직이고 있었다.

배봉산 위로 햇빛이 쏟아지기 시작하였다. 서서히 잠을 깨는 신비로운 나의 동네를 바라보았다. 또 다른 하루의 일과가 시작되었다. 새로운 시간을 향해 한발을 내디뎠다.

명함을 다시 거머쥐었다. 명함을 덜 돌린 날은 다른 날보다 하루가 길었다. 오늘도 끝이 없이 길을 걷는 나의 모습이 보였다. 뜨겁고도 끔찍한 날들이 그렇게 지나가고 있었다. 그렇게 나는 날마다 나의 한계를 넘고 있었다.

거리의 잠언들을 만나다

동대문의 새로운 미래가 손에 잡힐 듯했다.
거리의 잠언들은 내게
동대문의 가능성에 대한
변함없는 믿음을 주었다

나비가 되어야 날 수 있어요!

거리는 정글과 같았다. 수많은 유권자들을 만났다. 민주주의는 다양한 형태를 띠고 다가왔다. 지도 없이 사막을 걷는 것 같았다. 때로는 다름에 대한 뿌리 깊은 분노가 보였다. 공공의 영역은 갈등이 여과 없이 분출되는 장소였다. 처음에는 매번 당혹스러웠다.

그러다 다짐했다. 새로운 삶을 향해 문을 열어야겠다. 갈등을 향해 마음을 열어야겠다. 더 많은 것을 세상 속에서 배워야겠다. 현실에서 배우고 느끼면서 성장해야겠다. 마음 열기 훈련을 해야겠다. 세상에 대한 두려움을 극복해야겠다.

길을 가다 이런 이야기를 듣기도 했다. "민주주의는 끝이 없는 실험입니다"라면서, "실험의 결과도 기약이 없지요. 민주주의는 우리가 하는 무엇이지요?" 나이든 어르신에게 명함을 건네자 명함을 곱게 받아들고 하신 말씀이었다.

아주머니 한 분은 이렇게 말씀하셨다. 내게 "<꽃들에게 희망을> 보셨지요?" 공손히 '예'하고 답을 했다.

"간절히 원하세요. 애벌레가 아니라 나비의 삶을 원해야 합니다. 애벌레의 삶을 포기해야 가능합니다. 나비가 되어야 날 수 있어요!"

그렇다. 망치로 얻어맞은 기분이었다.

"내가 나비가 되어야 주민에게 행복한 꿈을 꾸게 할 수 있다."

애벌레가 만든 누에고치에서 나와야 했다. 아니 새로운 정치의 세계에서 나를 환골탈태시켜야 했다.

어느 날 당원이라면서 중년의 신사가 다가왔다. "지나가는 개에게도 인사하세요. 그러나 명함 하나도 아끼세요. 낮은 자세를 가지세요!" 유권자들의 훈수는 비수처럼 꽂혔다. 이에 대해 "열심히 하겠다. 제대로 하겠다"고 답했지만 역시 말이든 행동이든 직접 경험하기 전까지는 상상에 불과했다. 마음 한 켠이 정말 쓰라렸다.

아무리 선거운동이라도 나의 인격까지 의심당한다는 생각에 당혹감이 앞섰다. '이렇게까지 해야 하는가? 이게 정치인가?' 수많은 물음표를 스스로에게 던졌다. 자아와 가치, 감정 아니 궁극적 믿음까지 위협당하는 모습으로 비추어졌다.

그러다 정치에 밝은 C형이 "세상에 안전한 길은 없습니다. 객기부리지 마세요. 마음속으로 정하되, 표현하지 마세요. 정치적 더하기와 빼기만 생각하세요. 진정으로 정치할 의지가 있다면 낮은 자세로 배우세요."라는 마음을 담은 충고가 가슴을 울렸다.

또다른 세상으로 건너왔다

정치란 다양성과 함께 비판의 소리가 공존하는 곳이었다. 때로 들은 듯 만듯하되 다른 견해에 귀를 열어놓고, 필요하다면 생각을 바꾸면 되었다. 그렇게 생각을 바꾸자 세상이 새롭게 보였다. 열린 마음으로 길거리 잠언들을 접하였다. 그리고 차이를 넘어 얼마나 공유할 수 있는가를 배웠다.

민주주의는 역시 현장에 답이 있었다.

"오늘 그리고 내일이 있는 동대문을 생각하라! 서울의 관문인 동대문을 강북의 랜드마크로, 보수의 교두보로 만들어라."

배봉산: 오늘 그리고 내일이 있는 동대문을 생각하다.

거리의 현자들은 나의 선거전략을 만들어주었다.

"입안의 혀도 깨문다. 기회를 놓치지 마라. 타인의 장점을 발견하라. 사물에 대한 관점을 바꿔라. 뒤를 돌아다 봐라. 자기답게 살아라."

"비상대응팀을 운영하라. 현안에 대한 메시지를 정리하는 핵심대응팀을 구성하라."

무엇보다 중도세력들은 나에게 전략적 포인트를 적절히 지적해주었다. 자신들은 정파를 넘어 동대문을 사랑해왔다고 했다. 그리고 동대문을 순수하게 사랑하고 동대문의 가치를 세워줄 정치를 조언해주었다.

"이필승 씨! 동대문은 보수세력만으로 바꿀 수 없다. 보수세력을 넘어 다른 세력으로부터 공감을 얻을 수 있어야 한다. 미래가치로 승부하라."

또 다른 세상으로 건너온 느낌이었다.

그날도 명함 한 줌을 갖고 길을 걸었다. 여기저기 발길, 손길, 눈길 닿는 대로 명함을 전했다. 가도 가도 끝이 없었다. 극한직업이 따로 없었다. 나에게 정치는 극한직업이었다. 허기가 졌다. 분식집을 보고 빨려 들어가듯 무작정 들어갔다.

여사장님과 이야기를 나누었다. "어떻게 여기까지 왔어요? 일생의 경험이 후보님을 이곳으로 이끈 것이지요? 정치 이거 통제가 안 되지요!" 마치 선문답처럼 말을 이어갔다.

"정치는 현실에 집중해야 한다. 정치는 진정한 경험의 싸움이다. 정치는 내 생각이 아니라 국민 생각대로 해야 한다."

주방 철학의 힘을 느꼈다. 살아 있는 교과서였다.

예전에 봤던 영화 '봄날은 간다'에서 유독 남자 주인공이 여주인공에게 '사랑이 어떻게 변하니'라면서 간절하게 던졌던 대사가 생각났다. 사랑도 변한다는 그 진실이 늘 머릿속에 남아있다.

오늘 유권자들께 아침 인사를 하면서 세상도 변함을 알았다. 국민의힘이 4년 전 지방선거를 치를 때는 유권자들의 혹독한 질책을 받았다. 그래도 유권자들을 향해 고개를 숙였다. 무척 아팠던 기억이 새로웠다.

그런데 오늘 유권자들께서 '바꿔라. 변해라. 일해라'는 말씀을 주신다. 가슴 한구석이 울컥해졌다. 사랑이 변하듯 세상도 변했음을 알았다. 이번 선거는 하나의 전환점이 될 것 같았다.

낮은 자리로, 더 낮은 자리로

우리에게는 절호의 기회이나 또 다른 시련의 시간이 될 수도 있겠다. 지금은 정말 좋은 시기이나 이 또한 변하고 지나감을 겸손히 받아들여야겠다.

앞으로 나의 정치적 신념은 '오직 동대문구다'라는 철칙을 갖고 변화하는 세상과 함께 동대문구의 발전과 미래만을 바라봐야겠다는 생각을 다졌다.

그러면서 '정치란 무엇인가?'를 스스로 물었다. 정치는 주민 삶의 변화였다. 결국 지방정치가 주민들의 삶을 변화시키는 통로라는 결론에 도달하였다. 동대문이 바로 그 현장이었다.

정치의 현장은 주민의 목소리였다. 거리에서, 카페에서, 상점에서, 식당에서 주민들의 목소리를 들었다. 걸으면서 변화를 향한 주민들의 욕구를 깨달아갔다.

주민들의 목소리는 진솔하면서도 단호하였다. 이번 선거로 동대문의 새로운 발전을 선택하겠다. 새로운 선택에 따른 변화를 요구하겠다고 했다. 동대문의 새로운 미래가 손에 잡힐 듯했다. 거리의 잠언들은 내게 동대문의 가능성에 대한 변함없는 믿음을 주었다.

그리고 스스로 깨달아갔다. "낮은 자리로, 낮은 자리로, 그리고 낮은 자리로"만이 전략이었다. '말을 절제하라. 적을 벤치마킹하라. 본인 생각을 내려놓아라. 자신의 정치적 이미지만 만들어라'라는 깊은 뜻을 가슴 깊이 새겼다.

여기에서 나의 이번 선거전략이 나왔다. 상대를 공격하는 것이 아니라 나의 미래를 이야기했다. 네거티브는 약자가 하는 전략이었다. 나는 이미 정치적 동지 아니 식구가 있었다. 나는 그렇게 정치인이 되었다. 지방선거 내내 상대 정치인을 공격하지 않았다. 그리고 정치인은 약속을 하면서 성장해 감을 알아갔다.

1초에
승부한다

하늘은 푸르렀다.
나도 하늘처럼 푸르러야 했다.
어떤 상황에서도
일어서야 했다.

명함 전달은 유권자와의 호흡이다

민주주의는 다른 사람과의 관계 맺기다. 차이를 존중하고 다름을 인정하는 과정이다. 이를 확인할 수 있는 가장 빠른 방법이 명함주기다. 명함주기는 사람들과의 경계를 넘어서는 방법이다.

영국의 프리미엄 리그에 토트넘이 있다. 손흥민 선수가 뛰는 팀이다. 아내가 새벽이면 일어나서 보는 팀이다. 나도 간혹 토트넘 경기를 본다. 토트넘 감독인 안토니오 콘테는 언론을 뜨겁게 달구는 재주가 있다.

콘테 감독은 경기중 의자에 좀처럼 앉지 않는다. 항시 터치 라인을 따라다니면서 선수들을 독려하고 선수들과 함께 호흡한다. 자신이 선수들과 함께하고 있다는 것을 선수들이 느끼게 하고 싶어 한다. 자신의 열정을 선수들에게 끝까지 각인시킨다.

명함을 유권자들에게 전할 때 간혹 콘테 감독이 생각났다. 어찌 보면 다람쥐 쳇바퀴 같은 반복을 통해 선수들과 호흡하였다. 선수들이 뛸 때 같이 뛰고 조금이라도 진전을 느끼면, 좋아질 기미를 느끼면 감독은 행복하다고 했다.

나도 유권자들에게 명함 한 장 한 장을 주면서 깨달았다. 콘테 감독처럼 터치 라인을 따라 함께 호흡해야 했다. 유권자들과 함께 호흡하고 있다는 인식을 줄 때 내가 그들에게 각인되고 있음을 알게 되었다.

가수 패티킴이 평생 노래를 부르면서 깨달은 사실이 있다고 한다. "무대에 올라 30초 안에 관객 잡기에 실패하면 그 판은 글렀다"고 말한 인터뷰가 기억났다. 30초의 집중력이 중요하다.

어느 순간 나도 깨달았다. 명함 주기는 유권자와의 호흡이었다. 감정의 교감을 통해 무수히 연결된 손들을 잡아야 했다. 1초에 일어나는 집중력의 중요성을 깨달아갔다.

명함 전달은 반복적인 패턴이었다. "안녕하십니까? 이필승입니다. 고맙습니다. 감사드립니다."를 반복했다. 명함을 받거나 안 받거나 상관없이 종일 이어졌다.

그렇게 하루를 뛰다 보면 목소리가 잦아들었다. 어느 날부터는 아침밥을 먹지 못했다. 체중이 현저하게 줄어들었다. 처음에는 단순히 피곤해서 그런 줄 알았다. 수면이 부족한 것으로 판단했다. 그런데 잠을 자도 입안의 타는 목마름을 어찌할 수 없었다.

명함은 하루에 평균 2천장을 돌렸다. 그렇다면 산술적으로 8천 단어를 말해야 했다. 걷고 말하고 뛰고 말하다 보니 몸 안의 수분이 부족하다는 느낌이 들었다. 다니면서 물을 마시기 시작했다. 체중이 다시 정상으로 돌아왔다. 아침밥도 정상적으로 먹기 시작했다.

SNS는 부차적 수단에 불과했다. 지방정치라는 한계에 이슈파이팅 자체가 커다란 의미가 없었다. 한 장 한 장 손을 떠나는 명함을 보면 새로운 세상에 들어선 수도승처럼 느껴졌다.

명함 돌리기에 대해 유심히 생각했다. 그렇다! 1초에 승부가 났다. 유권자와 나와의 교감이 눈을 마주치는 순간 아니 찰나에 판가름이 났다. 무의식의 영역에서 일어났다. 유권자의 눈빛과 손짓에서 무의식적으로 유권자의 마음을 읽어나갔다.

단 한 번을 쳐다보았는데도 순간적으로 알아챘다. 어떤 의식적 사고가 작동하기도 전에 무엇인가를 느꼈다. 내 안의 신비한 세계를 만나 갔다. 흘긋 봄의 힘과 순간을 관찰하는 힘, 그리고 마음을 얻는 힘을 보았다. 마음은 모든 것이 시작되는 곳이었다.

정치란 극한직업이다

누가 보아도 1초의 세계는 짧았다. 그러나 조심스럽게 1초의 흐름을 타면 상당한 것을 얻을 수 있었다. 한눈에 알아차리는 힘을 얻었다. 생각하려고 멈출 필요도 없었다. 그렇게 1초의 승부를 하면서 사람에 대한 두려움도 사라져 갔다.

그러나 이마저도 누적되자 극심한 피로감이 몰려왔다. 거의 습관적으로 타성에 젖어버렸다. 이럴 때면 어김없이 누군가 나타났다.

어느 당원은 나의 타성에 매정하게 훈수를 두었다.

"표정을 부드럽게 하라. 유권자에게 예의를 갖춰라. 보수로서 품격을 가져라."

이렇게 말할 때면 미운 시어머니처럼 보였다.

그럴 때마다 마음 한편 서운함이 밀려들었다. 혼수에도 품격을 아니 예의를 갖추면 안 될까? 오만 가지 생각이 날아들었다가도 오죽하면 저러실까? 스스로 체념하고 또 다른 길을 향해 갔다. 체념, 그렇다, 체념만이 나를 압박감에서 벗어날 수 있게 해주었다.

불현듯 정치란 극한직업이라는 생각이 또다시 들었다. 해도 해도 끝이 없었다. 어느 순간 나도 어찌할 수 없는 상태에 빠져들었다. 그러나 유권자들은 끊임없이 내 곁을 스치고 지나갔다. 습관적으로 명함을 돌리면 유권자들은 더욱 냉정하게 내게 등을 돌렸다.

그러다가 길가 한 모퉁이에 서서 하염없이 하늘을 쳐다보았다. 하늘은 푸르렀다. 나도 하늘처럼 푸르러야 했다. 어떤 상황에서도 일어서야 했다. 어느덧 나 자신과의 심리적 대치 상태를 끝마치고 길로 들어섰다. 마음의 준비가 되었다.

또다시 명함은 손을 떠나고, 나도 세상으로 들어갔다. 정말 힘이 들어한 발을 뗄 수 없을 때 나도 모르게 노래가 나왔다. 아레사 프랭클린의 '어메이징 그레이스'(Amazing Grace)를 읊조렸다. 노래는 영혼을 감싸주는 감동의 소리였다.

노래는 나를 새롭게 전율케 했다. 나도 모르게 벅찬 감동이 밀려왔다. 마음이 뜨거워졌다. 어디서 힘이 나왔는지 모를 정도로 멈출 수가 없었다. 상처의 회복처럼 말로 설명하기가 힘든 감동의 순간이 왔다.

그렇게 어느 날은 하루에 명함 7천 5백장을 돌렸다. 새벽 4시부터 저녁 10시까지 3만 보를 걸었다. 손끝에 전해오는 오감의 느낌이 살아있었다.

명함 돌리기는 30%의 확률적 게임이었다. 그런데 집중하다 보면 어느새 명함 10장을 연속적으로 돌릴 때가 있다. 내가 명함을 10장을 주었는지를 나도 몰랐다. 그렇게 마음의 경계를 넘었다.

선거는 장작불로 가마솥을 데우는 것이었다. 끊임없이 장작을 넣어야 불이 유지되었다. 그래야 가마솥을 끓일 수 있었다. 그러면서 선거는 마음의 가마솥을 끓이는 것임을 알았다. 마음의 가마솥이 뜨거워지면 세상이 바뀌는 것이었다.

현실정치의
벽은 높다

왜 내가 탈락했다는 소문이 돌까?
도대체 어떤 일이 벌어지는 것일까?
아무리 되뇌어도
이유를 찾을 수가 없었다.

아직도 예비후보냐?

나는 동대문구를 선택하면서 공천은 당연하게 받을 것으로 판단했다. 국정원 28년, 청와대 행정관, 대통령직 인수위 실무위원… 등등 화려한 경력에다, 홍준표 대선후보 총괄조직본부장, 윤석열 대선후보 조직통합위원장…, 누구도 나의 경선탈락을 예견하지 않았다. 나도 앞만 보고 달렸다. 그런데 4월 16일부터 서울시당에서 예비후보자 7명 중 4명이 탈락했다. 이필형 후보는 탈락했다는 소문이 돌았다.

'경선 탈락!' 믿기지 않았다. 나는 단수 전략공천이나 복수 공천을 확신하고 있었다. 공천은 당 지도부의 신임문제로 지난 대선 기여도라고 판단했다. 경선 탈락은 어불성설이었다. 도저히 믿기지 않았다.

소문 자체를 무시하고 명함을 돌리러 나갔다. 경선 탈락은 있을 수 없는 일이라고 항변했다. 참모들은 그래도 윤대통령 당선자 주변 인사를 공략하여 사실 여부를 챙기라고 주문했다. 나는 비록 소문이라도 챙겼어야 하는데 애써 무시해버렸다.

소문일 것이다. 소문에 휩싸이기보다는 명함 한 장이라도 더 돌려야 한다는 생각에 사로잡혀 있었다. 명함을 돌리면서 바닥여론을 잡아가고 있다는 확신이 들었다. 경선을 한다 해도 국민 여론이 중요했다. 어차피 당원여론조사는 결정되어있다고 판단했다.

당시 주변 판세를 보면 청량리, 이문동 지역을 가면 이필형과 K 후보의 싸움이라고 보았다. 전농동, 답십리 지역은 이필형과 S 후보의 싸움으로 판단하고 있었다. 동대문 갑과 을의 대체적 판세는 이필형과 L 후보의 판세로 점쳤다.

나는 내심 본선을 걱정했다. 예선은 문제가 없었다고 판단하고 있었다. 무엇보다 바닥여론이 내게 상당히 우호적으로 변하고 있었다. 무엇보다 장안동과 이문동, 용신동, 청량리 지역에서 승세를 굳혔다는 확신이 들었다.

그래서 중앙당이 나를 탈락시킬 이유가 없다고 판단했다. 거리를 나서면 내가 이미 국민의힘 후보라는 착각이 들 정도로 여론이 우호적이었다. 왜 내가 탈락했다는 소문이 돌까? 도대체 어떤 일이 벌어지는 것일까? 아무리 되뇌어도 이유를 찾을 수가 없었다.

그렇게 하루가 지나갔다. 4월 17일도 다른 날과 다름없이 배봉산을 걷고, 장안동을 걸었다. 주민들은 '아직도 예비후보냐?' '언제 후보가 되느냐?'면서 '구청장이 되면 동대문을 확 바꿔주세요'라며 주민 반응은 더욱 뜨거워지고 있었다.

점심을 때우고 청량리에서 명함을 돌리고 있었다. 청량리시장 주민들도 전통시장 활성화와 거리 가게 문제를 거론하면서 쾌적한 동대문을 만들어 달라고 했다. 심지어 '후보님 축하드립니다!'라는 반응에 스스로 위안하면서 걸었다.

예비후보 경선탈락

사무실에서 급하게 호출이 왔다. 서울시 당 분위기가 이상하다는 전언이었다. 나는 태평스럽게

"신경을 쓰지 마라. 현장에 답이 있다. 주민들 반응을 보니 문제가 없다."

"쓸데없는 소문에 일희일비하지 말라."

이렇게 안심을 시켰다. 또다시 연락이 왔다. 서울시당 공보에 내 이름이 빠져있었다. 나는 반문하면서 다시 확인해보라고 했다. 그러자 직원은 대응책을 논해야 한다고 빨리 들어오라고 하여 사무실로 향했다. 사무실은 한 마디로 아수라장이었다. 선거운동원들은 저마다 핸드폰을 잡고 여기저기 전화를 돌리고 있었다. 내가 들어서는 것도 모르고 자신들의 일에 몰두하느라 바빴다. 자리에 앉아 서울시 당 공보물을 보았다.

'동대문구청장 예비후보 K, S, L 3인 경선 확정' 눈앞이 깜깜해졌다. 믿을 수가 없었다. 후보경선보다는 본선을 걱정하면서 전략을 짜왔다. '경선 탈락이라!' 주위를 둘러보았다. 빈방에 혼자 있는 듯한 느낌이었다. '이제 어떻게 할까?' '어떤 말을 해야 할까?' L형에게 전화가 왔다. "어떻게 된 일이냐?" L형은 당혹스럽게 물어왔다. "나도 모르겠어요!"라고 답

했다.

우선 전화를 받지 말아야겠다. 전화를 한쪽으로 밀어놨다. 먼저 말하지 말자. 질문에만 간단히 답하자고 다짐했다. 이렇게 무심한 시간이 지나면서 경선 후보 탈락은 기정사실이 되어갔다.

이제 떨어졌다는 사실은 변할 수 없었다. 그래도 무너지는 모습을 보이고 싶지 않다는 생각이 들었다. 선거운동원들에게는 당당히 아니 차분히 받아들이는 모습을 보이고 싶었다. 나를 믿고 따라준 사람들이었다. 내가 컷오프되었다 해도 나를 따라준 친구들에 대한 신뢰를 무너뜨리고 싶지 않았다. 의연해지고 싶었다.

내 마음에, 아니 영혼에 의연한 얼굴을 그렸다. 내가 어느 방향을 바라보느냐에 따라 나의 모습은 달라질 것이었다. 그러면 남들도 나를 다른 방식으로 바라볼 것이라는 생각이 들었다.

여러 사람이 다가왔으나 나를 지키기가 어려웠다. 위기가 왔을 때 사람의 무게를 단다는 말이 맞았다. 중심을 잡아야 했다. 자신을 냉정하게 바라볼 수 있어야 했다.

생각해보니 침묵보다 더 나은 말이 있을 수 없었다. 침묵이 제일 나아 보였다. 무엇보다 눈을 어디로 향해야 할까? 시선이 문제였다. 정말 이전과 다름이 없어 보이고 싶었다. 선거운동원들을 의식적으로 바라보지 않았다.

그러다 거울을 쳐다보았다. '거울은 나의 모습을 있는 그대로 보여주지만 불안감도 보여준다.' 오늘 거울은 어떤 나를 보여주고 있을까? 거울은 나도 아닌 나를 보여주고 있는 듯하였다. 거울은 가까우면서도 먼 존재처럼 보였다. 나의 눈길은 텅 비어 있었다. 외로웠다.

나는 어디에 서 있는가? 무엇을 해야 할까? 다른 사람이 나를 보듯 네가 나를 보았으면 좋겠다. 이제 진정으로 쉴 때가 왔다. 그렇게 시간을 보내면서 마음을 정리했다.

어떻게 구원받을 수 있습니까?

컷오프가 확실했다. 이제 미련을 접자고 생각했다. 문득 공선 탈락을 하고도 무덤덤하게 자신을 버려둔 모습이 바보 같다는 생각도 들었다.

그때 천사의 열차가 생각났다. '철도는 정시 출발과 도착이 생명이다. 그러나 뉴욕 그랜드 센트럴역Grand Central Terminal을 출발하는 통근 열차는 1분씩 늦게 출발한다. 숨겨진 1분은 천사의 1분이라고 한다.' 이와 같은 늦장 출발은 시간에 늦어 가까스로 열차에 타는 사람을 위한 의도적 배려라고 했다.

천사의 열차는 정말 있을까? 내게도 천사의 1분이 숨겨져 있지 않을까? 몸이 텅 비고, 숨이 차분히 가라앉는 기분이었다. 그러다 별안간 가쁘게 숨을 몰아쉬었다. 사형수가 걸음을 옮길 때 허공을 보고 숨을 몰아쉬는 모습이 떠올랐다.

"어떻게 구원받을 수 있습니까? 죽음은 너무도 가까이 있고, 신은 너무도 멀리 있지 않습니까?" 미켈란젤로가 절망적 순간에 뱉었다는 말이었다. 구원의 길은 보이지 않았다.

'어떻게 하나? 어디로 가야 하나?' 삶의 절벽에 설 때마다 스스로 되물었다. 60세가 한참 넘은 나이에도 '어떻게 하나?'를 묻고 있었다.

예비후보를 등록하고 한 달이 지났다. 숨이 가쁜 하루하루였다. 그러나 지난 30일을 돌아보니 무리한 목표를 두고 싸웠다는 자괴감이 들었다. 현실정치에 대한 무지와 오해 속에서 정치를 하겠다고 덤볐다. 지난 10여 년 동안 좌절만 해왔던 것 같다. 정치적 소망을 이룬 것이 없었다. 도대체 무엇이 어디서부터 잘못되었을까? 장안벚꽃길을, 배봉산을, 청량리를 걸었다. 나의 정체성을 물으면서 걷고 또 걸었다.

서울 가는 길은 눈썹도 무겁다는 말이 실감이 났다. 희망이 없을 때 걷는 길은 모든 것이 무거웠다. 아무것도 없는 진공 상태! 텅 빈 상태였다. 걸어도 걸어도 길은 끝이 없었다. 나 스스로를 견딜 수 없었다. 어떤 것도 바라볼 수 없었다. 그러다 막다른 골목 앞에 섰다. 갈 곳이 없었다. 고통스럽지만 현실을 받아들여야 했다. 골목의 끝은 무거운 벽이었다. 넘을 수 없었다. 돌아섰다. 그렇다! 끝에 다다른 것이라면 돌아서서 다시 걸으면 되었다. 나는 무엇을 걱정하고 있었던 걸까? 바꿀 수 있는 것을 걱정하고 있는가? 바꿀 수 없는 것을 걱정하는가? 바꿀 수 있는 것은 바꾸면 되었다. 바꿀 수 없는 것은 그대로 두면 되었다.

벽을 넘다

자전거의 페달을 밟고 있는 한
넘어지지 않는 것처럼.
나는 나의 페달을 끝까지 밟았다.

내가 할 수 있는 것은 없다

밤이 왔다. 밤이 되자 내 마음은 숯덩이처럼 타들어 가고 있었다. 선거운동원들과 해단식을 하면서 먹은 술도 정신을 무너뜨리지 못했다. 오히려 더 말똥말똥해졌다. 잠을 이룰 수가 없었다. 압박감을 이기려 안간힘을 썼다. 몸속에 통증이 있는 것처럼 쓰라렸다. 눈에 보이지도 않고, 귀에 들리지도 않고, 감각으로 느껴지는 것 외에 아무 생각도 할 수 없었다. 고통이 몸속에 가득 차오른 느낌이었다. 기진맥진하여 털썩 주저앉았다.

고통은 시간의 속도를 늦추었다. 시간은 심장의 박동을 빠르게도 늦게도 하면서 나를 몰아갔다. 몸을 일으켜 창가에 기대섰다. 얼굴은 식은땀에 흠뻑 젖어 있었다. 어둠 속에 눈도 흐릿해졌다.

눈을 똑바로 뜨고 본질을 파악해야 했다. '컷오프!' 움직일 수 없는 사실이었다. '컷오프'에 온통 사로잡힌 생각에서 벗어나야 했다. 더 이상 나갈 길이 없다는 패배주의를 버려야 했다. 나는 정직하게 절망해야 했다. 그러나 막막했다. 숨겨진 천사의 1분도 찾을 수 없었다. 별안간 침대에서 일어났다. 어둠 속에서 무릎을 꿇었다. 나도 모르게 무릎을 꿇었다. 기도가 터져 나왔다.

내 힘으로 어찌할 수가 없다. 내가 할 수 있는 것은 없다. 이럴 때 늘 성경 말씀을 생각했다. "예수를 깊이 생각하라"(히브리서 3장1절)는 말씀을 암송했다. 예수님은 어떻게 하실까? 예수님은 어떻게 기도하실까?

주기도문의 "우리를 시험에 들게 하지 마옵시고, 다만 악에서 구하소서"가 큰 은혜가 되었다. 그래 최선을 다했다. 할 수 있는 노력을 다했다. 비록 위기에 닥칠 때마다 무릎을 꿇었으나 언제나 마음은 그렇게 편해졌다. 여호와는 나의 목자라고 고백한 다윗왕의 기도가 힘이 되었다.

"여호와가 사망의 골짜기에서도 나와 함께 하신다."(시편 23편)
그리고 "여호와의 집에 영원히 살겠다"라는 간절함이 위로가 되었다. 말씀은 살아 있었다. 날이 선 검처럼 힘이 있었다. 말씀이 가슴을 쳤다. 날선 검이 고통을 쓸어버리는 것만 같았다.

'나는 안 돼'라고 할 때, '지금 그 자리에서 다시 시작하라. 게임이란 역경이 닥치기 전에는 시작되지 않는 법이다'라고 말해 왔다.

'네 운명을 사랑하라. 나에게 새롭게 출발할 기회를 다시 주자. 새로운 길이 있을 거야! 삶은 모든 고통과 역경에 맞설 때 힘이 있는 것이야! 여기서 떠나자. 보다 높은 곳을 향해 나가자.'

아무런 미련도 없어졌다. 속이 후련해졌다. 그런데 별안간 어깨통증이 극심하였다. 팔을 움직이지 못할 정도로 극심한 통증이 밀려왔다. "아-악--악"하면서 나도 모르게 고통을 참을 수 없는 비명을 질렀다. 고통에 못 이겨 두 눈을 감았다. 순간 참을 수 없는 통증이 강렬하게 온몸에 퍼졌다.

이곳이 지옥이구나!

아침 일찍 답십리공원에 올랐다. 한발 한발 내딜 때마다 나에게 향하는 자극이 새로웠다. 어젯밤의 또 다른 극한 경험이 서글펐으나 색다른 느낌을 주었다. 아무 일도 없었다는 각오로 길을 걸었다. 동대문구청장 예비후보의 옷을 벗고 걸었으나 어색하였다. 모두가 나를 쳐다보는 것만 같다. 안전한 길은 세상에 없음을 알았다.

현실정치의 벽에 무너졌으나 그동안 마법과 같은 삶을 살았다. 그래도 나는 나의 장벽을 넘었다. 최선을 다했다. 새로운 길을 가려면 미련을 버려야 했다. 그리고 새로운 삶의 경계에 서 있음을 알았다.

내게 남겨진 이야기들과 추억들이 주마등처럼 지나갔다. 직접 컷오프를 당하기까지는 상상하지도 못한 현실 속에 들어와 있었다. 그래도 새로운 세상으로 들어가야 했다. 마음을 굳게 다짐했다.

내가 놓인 처지의 모습을 형언할 수 없었으나, 또 다른 세상에 와있음을 깨달았다. 이제부터 전혀 다른 세상으로 가야겠다. 나를 나답게 만들어준 현실에 새로운 기회를 주어야겠다.

태양이 떠올랐다. 아파트에 떨어지는 빛과 그림자 속에서 생각했다. 천국에 사는 사람들은 지옥을 생각하지 않겠지. 지옥에 사는 사람들만이 천국을 생각하겠지!

'이곳이 지옥이구나!'

그렇게 세상으로 돌아가야겠다고 다짐하였으나, 돌아서면 컷오프의 잔상이 끈질기게 따라붙었다. '어제는 어젯밤에 끝났고'를 주문처럼 외웠으나, 오늘의 새로운 시작에 쉽게 발이 떨어지지 않았다. 그렇게 사무실에 도착하였다. 페북을 열었다.

"짧았지만, 동대문구 주민들과 함께할 수 있어서 행복했습니다. 저 이필형 동대문구를 잊지 않겠습니다. 동대문과의 길고, 아름다운 인연을 늘 가슴에 새기겠습니다. 감사드립니다"라고 마지막 인사를 드렸다.

그리고 잠시 숨을 돌리려 눈을 감았다. 여기저기에서 전화벨이 울렸다. "지금 뭐하고 있냐? 그런 페북 올리면 어떻게 하느냐? 당장 내려라!"거의 명령조의 전화였다.

이어 지지자들로부터

"정치인은 신의를 지켜야 한다. 아직은 끝나지 않았다. 재심을 요청하라!"

"당신을 통해 우리가 동대문의 미래를 보았다. 그렇게 속절없이 떠나느냐!"

울분을 토로하는 지지자들 전화가 쇄도하였다. 몸속으로 알 수 없는 한기가 전해졌다.

나도 모르게 전화기를 집어 들었다. 변호사 L형에게 재심청구서 양식을 물었다. 재심청구서 요건은 성명, 생년월일, 전화번호와 신청 사유를 기본적으로 적고 재심청구 및 경선참여 요청내용을 쓰라고 하였다.

재심청구서에는 상대후보보다는 나의 지난 대선과정의 역할을 담았다. 대선을 치르면서 국민의힘 조직통합위원장으로서 역할과 당에 대한 기여도를 적시하였다.

이어 자체적으로 4월 8일~9일간의 여론조사 결과를 적시하였다. 인지도 면에서 잘 알고 있다(9.2%), 어느 정도 알고 있다(18.5%), 호감이 있다(33.4%) 등의 항목과 구체적인 수치를 적시하여 높은 호감도를 내세워 정치 신인치고는 지역에 착실히 뿌리를 내리고 있음을 호소하였다.

다시 기회가 돌아왔다

4월 18일 재심 요청서를 서울시당과 중앙당 기조국에 제출하였다. 내심 천행을 바라는 마음이 간절하였다. 2018년 지방선거 공천 과정에서 재심 요청이 받아들여진 일이 거의 없었던 걸로 기억했다.

그러나 주변의 후배들은 나의 컷오프 사실이 납득이 안 간다며 내게 힘을 주었다. 이준석 당대표실에서도 나의 억울함을 지지하였고, 당 기조국 실무자들에게도 재심을 간절히 호소하였다. 실무자들은 억울함을 인정하는 분위기였다. 그러나 기대 반 우려 반이었다.

그래도 재심신청요구서를 냈다는 사실이 안도감을 가져다주었다. 그렇게 편할 수가 없었다. 새롭게 기회를 얻었다는 사실이 기적과 같았다. 최선을 다했다. 자전거의 페달을 밟고 있는 한 넘어지지 않는 것처럼 나는 나의 페달을 끝까지 밟았다.

"숲속에 두 갈래 길이 있었다. 나는 사람들이 적게 간 길을 택했다. 그리고 그것이 내 모든 것을 바꾸어 놓았다."

프로스트처럼 나의 길을 멀리 끝까지 바라다보았다.

4월 19일 중앙당 공천심사위가 열렸다. 거짓말처럼 나의 재심 요청이 받아들여졌다. 기회가 다시 돌아왔다. 하루만의 기적이었다. 주민들의 기대와 성원이 기적을 일구었다. 하꼬방의 기적이었다.

마음을
얻으세요

나는 민생의 목소리가
정치현상보다 앞서간다고 생각했다.
주민의 목소리를 따르기로 했다.

동대문구가 중랑구만큼만 하면 돼요!

어느 날 40대 주부가 장안 벚꽃길에서 내게 다가왔다. 그날도 명함을 부여잡고 한 장이라도 더 돌려야 한다는 생각에 정신없이 사람 속을 헤집고 다녔다.

그녀는 내게 말했다. "정성이 가득하네요! 절실함이 감동입니다. 내가 비밀 하나를 알려 드릴게요. 많은 만남도 중요하나, 정성이 담겨야 합니다. 후보님 사람의 마음을 얻으세요!"

'마음의 눈으로 세상을 보라'고 했다. 그 이후 마음의 눈은 내게 정치를 여는 열쇠가 되었다.

그리고 노신사 한 분이 다가왔다. "정치는 보고, 배우는 겁니다."하면서 손을 들어 중랑천을 가리켰다.

"중랑천을 경계로 동대문과 중랑천을 찬찬히 돌아보세요! 분명한 차이를 느끼실 겁니다. 동대문구가 중랑구만큼만 하면 돼요"

그날부터 이상하게도 만나는 유권자들에게 내게 중랑구만큼만 하라는 목소리가 봇물이 터지듯 밀려왔다.

말문을 트기가 무서웠다. 그날부터 주민들은 내게 동대문의 현안을 잇달아 내놓았다. 공약들이 주민들 목소리로 채워질 정도로 주민들 목소리는 구체적이었다. 주민들의 목소리를 담았다. 노트를 빼곡히 채웠다. 구체적인 주민들의 요구를 더 잘 듣고 이해하기 위해서 동대문을 구석구석 걸었다. 걸을 때마다 나를 향한 주민들의 애정이 더욱 깊어져 감을 느꼈다.

이제는 명함을 아끼라면서 명함을 되돌려 주는 분들이 늘어났다. "이필승 씨 다시 살아와서 반가워요! 동대문을 위해 발로 뛰어주세요. 동대문이 변할 때가 되었네요."

중랑천 자전거길: 중랑천은 주민들에게 젖줄과 같다. 주민들은 틈만 나면 중랑천을 찾는다.

산책하시는 어르신도, 꿈이 많은 청년도, 아이를 키우는 주부들도 내게 많은 이야기를 해주셨다. 동대문의 미래는 주민들의 목소리에 있음을 알았다.

"동대문구가 예전에 비해 발전은 하였으나 아직은 미흡하다."

"지금과 같은 방식, 지금과 같은 인물로는 동대문을 바꿀 수 없다"

"동대문구의 발전을 위해 새로운 리더십이 필요하다."

하나같이 이구동성으로 말씀을 해주셨다. 주민들은 무엇보다 이제야 제대로 준비된 인물이 왔다면서 내게 큰 용기를 주었다. 어느 순간 본선 경쟁력이 답임을 알았다. 모든 경선전략을 본선경쟁력에 두었다. 홍보물과 SNS 전략도 본선경쟁력에 맞추었다. 민주당 후보와 맞서 싸워 이길 후보 이필형을 부각했다.

또 주민들은 동대문의 쾌적한 환경을 주문했다. 청량리를 무대로 터를 잡아 온 밥퍼의 문제점을 집중적으로 이야기했다. '천사들과의 싸움은 득보다 실이 많다.' '주민들의 요구에 응답해야 한다.' 밥퍼 쟁점화를 두고 캠프는 찬반양론으로 갈렸다.

민생의 목소리가 정치현장보다 앞서간다

나는 민생의 목소리가 정치 현장보다 앞서간다고 생각했다. 주민의 목소리를 따르기로 했다. 주민이 안전하고 쾌적한 동대문을 만들겠다는 차원에서 밥퍼에 접근했다.

"밥퍼에는 분명한 빛과 그늘이 있다" 그리고 "실태 조사를 통해 발전을 모색하여 개선 방안을 찾을 것"이며 "학생들의 통학로 안전 확보 등 주변 지역 피해를 최소화하는 방향으로 행정력을 모을 것"이라고 입장을 밝혔다.

주변의 우려도 많았으나 밥퍼 공약은 예상대로 지역 내 인터넷 카페를 중심으로 폭발적인 관심을 불러일으켰다. 주민 공유커뮤니티에서는 "노숙자 보호도 중요하지만, 인근 지역민의 불편 해소를 위해서는 보완책이 시급하다"라는 등 댓글이 잇따랐다.

댓글에는 "역시나 국민의힘입니다. 밥퍼 이야기만 꺼내면 강퇴시키는 민주당 후보랑 다르네요. 말이 아닌 실천으로 보답해 주세요" 등 긍정적인 표현이 많았다.

밥퍼 공약이 알려지자 주민들은 내게 주민의 목소리에 귀를 기울여 달라며 다가왔다. 그동안 이웃집 아저씨와 같은 친근함과 밥퍼 이슈화로 확고한 지지층이 형성되었다. 이와 함께 청량리와 제기동, 경동시장과 전통시장을 중심으로 거리가게 정비가 필요하다는 여론이 답지했다. 또다시 캠프는 술렁거렸다. 거리가게는 쉽게 보지 말자 신중하게 대처하자는 여

꽃들에게 희망을: "간절히 원하세요. 애벌레가 아니라 나비의 삶을 원하세요" 꽃을 보면 희망이…

론이 우세했다. 거리가게도 끊임없이 주민에게 물었다.

누구도 공개적으로 거리가게 문제 꺼내기를 애써 피했으나, 거리가게는 동대문 발전에 걸림돌이라는 공감대가 조성되어 있음을 알았다. 거리가게도 정면 돌파가 답이라고 판단했다.

그러나 예비경선 이슈로는 부적합했다. 먼저 실태 파악이 급선무였다. 본선용 이슈로 준비하기 위해 실태 파악과 함께 보다 광범위한 여론 탐색에 나섰다. 무엇보다 거리가게는 주민들에게는 혐오의 대상이었으나 서울시민들에게는 사회적 약자 프레임이 강했다. 전략적 선택이 필요했다.

주민께서 말씀하신 "마음을 얻으세요!"가 귓가에 맴돌았다. 나와는 다른 삶을 살아가는 주민의 경험에 들어가야 했다. '다른 견해에 대해 귀를 열자. 필요하다면 생각을 바꾸자. 다른 생각을 존중하자' 누구에게도 선입견을 품지 말자고 생각했다.

코스모스: 중랑천꽃길에 이른 코스모스가 얼굴을 내밀고 있다.

차이를 극복하면 서로의 마음이 열렸다. 정치적 긴장도 누그러졌다. 마음의 눈으로 정치를 바라보았다. 정치현장은 민심이었다. 민심의 현장은 정치 공학의 권력 게임이 아니었다. 약자와 강자가 공존하는 공간이고 마음이었다.

계속 걷고 이야기했다. 거리가게 문제뿐만이 아니라 모든 문제에 대해 열린 생각을 했다. 누구를 만나도 마음을 통해 낯섦을 극복하였다. 우리는 동대문이라는 공동체를 새롭게 발견하며 민주주의가 새롭게 보였다.

갈등이 민주주의의 모순이 아니라 동력임을 새롭게 배웠다. 갈등은 더 나은 사회를 이끌어가는 힘이었다. 이 힘을 어디서 배울까? 거리에서, 카페에서, 동네에서, 일터에서 만나는 사람들이었다. 일상생활에서 형성되는 것이었다.

동대문구를 바꿔라!

거리가게 이슈를 어떻게 처리할까? 고민하면서 민주주의를 깊이 생각했다. 토크빌은 "민주주의가 요구하는 마음의 습관을 시민들이 세대를 넘어 발전시키지 못한다면 미국의 민주주의는 실패할 것이다"라고 분석했다.

거리가게는 내게 마음의 습관을 만들어주었다. 현장을 받아들이고 해석하면서 객관적으로 제3자적 관점에서 사회를 보게 해주었다. 마음은 정치의 동력이자 나의 내적인 힘의 근원이 되었다.

사람의 마음이 민주주의의 첫 번째 토론장임을 배웠다. 정치현장 걷기를 통해 조용한 목소리의 무게를 배웠다. 그리고 구체적인 목소리의 힘을 느꼈다.

"동대문을 바꿔라. 새롭게 디자인해라. 구민들과 소통해라. 편가르기 하지 마라. 그리고 일하라."

주민들의 말씀이었다.

단지 민생이라는 원칙을 갖고 꾸준하게 걷고, 줄기차게 이야기했다. 그것이 답을 주었다.

그러면서 동대문의 내일을 준비하는 동대문구청장이 되겠다는 희망을 품었다. 마음이 새롭게 열리면 새로운 집을 지을 수 있었다. 나는 주민들의 마음과 연결되면서 다름을 극복할 수 있었다.

마음의 눈으로 정치를 바라보았고, 주민들을 바라보았으며, 동대문 사람이라는 정체성을 얻었다. 마음은 모든 것이 시작되는 곳이었다. 주민의 마음은 내 정치적 동력이 되었다.

또 다른 세상을
만났다

삶은 연결이다.
사람은 함께 살아간다.
삶은 정상과 비정상의
경계를 무너뜨린다.

삶은 연결이다

또 다른 세상을 향해 걸었다. 장안동에 있는 동문 엔터프라이즈 빌딩에
들어섰다. 장애인들이 일하는 공간이었다. 동문 엔터프라이즈 P 원장께
서 장애인 직업재활시설에 대해 말을 꺼냈다.

"장애등급 1급에서 3급까지 신체장애와 복합장애를 지닌 중증의 발달
장애인 33명이 근무 중입니다. 지적 장애, 자폐 장애, 뇌병변 장애인으로
구성되어 있습니다."

"근무시간은 9시~5시까지입니다. 급여는 25~30만 원 수준이고, 최저임
금 대상에서 제외됩니다."

시설을 차근차근 둘러봤다. 장애인들은 쇼핑백을 하나씩 들고 있었다. 그리고 이들은 천천히, 쇼핑백의 고리에 끈을 매달았다. 어떤 장애인들은 한참이나 걸렸다. 그래도 천천히 쇼핑백 구멍에 줄을 주섬주섬 이어갔다. 먹먹해서, 할 말을 잃었다.

그래도 보조 선생님들은 장애인들에게 희망을 불어넣어 주었다. 내게는 이들이 세상의 시계가 아니라 자기만의 시간 속에 사는 것처럼 보였다. P 원장님은 그래도 이들은 출근할 직장이 있어 행복하다고 했다.

한국장애인 고용공단 자료를 찾아봤다. 발달 장애인 10명 중 7명은 직업이 없다. 15세 이상 자폐성 장애인의 고용률은 28.1%, 지적 장애인은 28%다. 취업 후 월급도 자폐성 장애 121만 원, 지적 장애 92만 원 수준으로 전체 장애인 월급 188만 원의 절반 수준이었다.

그런데 이곳의 장애인들은 전체 장애인 월급의 절반도 아닌 25~30만 원을 받고 있었다. 눈앞이 캄캄해졌다. '어떻게 하나'만 읊조리고 있었다. 나중에 구청장이 된 후 직원에게 물었다. 어떻게 할까?

직원은 말했다.

"앞으로 장애의 정도나 유형에 따라 고용지원금을 차등 지급해야 발달 장애인 고용률을 높일 수 있습니다."

맞는 말이었다. 하루아침에 해결하기는 어렵다. 장애인들은 통상 현장 중심 직업훈련 프로그램으로 일을 시작했다. 대부분은 2년 정도 일하고, 다른 장애인을 위해 일을 그만두고 있었다. 복지 일자리이기 때문이었다.

발달장애인들이 현장 중심의 직업훈련을 받고 있으나, 취업으로 이어지기는 어려운 실정이었다. 7월 1일 구청장에 취임하는 날 제일 먼저 새날 장애인센터를 찾았다. 내가 할 수 있는, 장애인에 대한 최선의 예의였다.

나는 비장애인으로 태어났다. 차별에 너무 익숙했다. 어떻게 장애인과 비장애인이 함께 살아갈 것인가? 질문받은 적이 있었다. 나의 답은 "우선 함께 살아가기가 필요하다. 같은 곳을 바라보는 시선, 동행"이라고 답했다.

고교 1학년 시절 소아마비 장애가 있는 친구가 있었다. 그 친구와 늘 함께 다니는 친구가 있었다. 그들은 사시사철 함께 하였다. 나는 그 친구들의 세계에 끼어들 수조차 없었다. 그러다 졸업 후 장애인 친구와 함께 다니던 친구를 만난 적이 있었다. 내가 말했다. "나는 너희들 사이에 끼어들 수가 없었다."

그 친구가 답했다.

"아니 우리 그때 잘 지냈잖아! 뭔 소리야?"

나는 소스라치게 놀랐다. '잘 지냈었나? 나는 늘 연민만을 갖고 있었는데 이게 무슨 소린가?' 이것은 어떤 온도 차이일까?

분명 친구들에게 미안함을 갖고 있었다. 그런데 정작 친구들은 '우리는 잘 지냈다'고 했다. '이게 무엇일까?' 나에게 거듭 물었다. 그런데 왜 그 친구들만 생각하면 미안했을까?

어느 순간 나는 친절한 차별주의자였음을 알았다. 소아마비 친구에게 친절했다. 비장애인보다 장애인에게 더 친절하게 대해야 한다는 연민의 정이 있었다. 나는 장애인에 대한 뿌리 깊은 편견을 안고 살았음을 깨달았다.

장애인에 대한 호의와 친절함도 중요하나 더욱 절실한 문제는 인간에 대한 예의였다. 구청장 후보로 나서면서 장애인에 대한 호칭이 어려웠다. 장애우, 장애자 등 여러 호칭을 두고 고민이 되었다.

그때 어느 장애인께서 호칭에 대해 "장애인이지요. 후보님은 비장애인이고요!" 장애를 갖고 있느냐, 없느냐가 기준이라고 했다. 그날 이후 조심스럽게 장애인이라고 호칭하였다.

삶은 연결이다. 사람은 함께 살아간다. 삶은 정상과 비정상의 경계를 무너뜨린다. 사람들은 세상을 구별 짓는다. 우리는 어딘가에 속하기를 바란다. 사람들은 비록 함께 어울려 살아가긴 해도 엄연히 서로 다르다.

그리고 서로가 다름을 이해한다. 장애와 비장애도 서로 비켜서 있으나 우리는 함께 살아갈 수 있다. 남들과 다르다는 것은 그대로 두려움일 수 있다. 비장애인 사람들도 때로 더는 내 발로 걸을 수 없을 때가 있다.

장애인들을 만나면서 알아갔다. 그들은 장애를 내 편으로 만들고 있었다. 그러면서 "감사하자. 범사에 감사하자. 그리고 감사하다." 장애인들은 장애를 받아들이기 힘들었음에도 장애를 넘어 희망을 바라보고 있었다.

매일매일의 성실함이 이긴다

내가 만난 70대의 어르신들은 무엇인가에 몰두했다. 아니 배우고 있었다. 끊임없이 무엇인가를 하고 있었다. 어르신들의 자세와 태도 또한 아름다웠다. 내가 만난 어르신들은 하나같이 밝았다.

어르신들은 자기가 사는 일상을 넘어 새로운 세계 속에서 살고 계셨다. 사람은 여행할 때마다 자기 삶의 경계를 넘는 법을 배운다고 했다. 어르신들은 새롭게 배울 때마다 기다리는 마음으로 마음이 젊어지는 것만 같았다.

　예전에 일본에 갔을 때, 일본 어르신들이 말했다.

　"씹어라. 걸어라. 어울려라. 생각하라. 호기심을 끊임없이 가져라."

　스위스에서, 이탈리아에서, 프랑스에서도 일본 어르신들을 만났다. 어르신들은 최고의 음식들을 먹었다. 누구는 카메라를 메고 야생화를 찍고 있었다. 누구는 로마의 벽돌을 어루만지고 있었다. 생각하기와 호기심을 이어가는 것을 보았다.

　어르신들은 자신만의 특별해지는 시간을 만들고 있었다. 어르신들의 한마디 한마디는 촌철살인이었다.

　"전임 청장의 장점을 배워요! 오래 버티면 이길 수 있어요. 매일매일의 성실함이 이깁니다."라고 일일이 교훈을 전해주었다.

　동대문 시니어클럽은 어려운 여건 속에서도 어르신 일자리를 마련해주

동대문구 시니어클럽: 카페 나누다 개관식에 참석했다.

려 동분서주했다. 어르신이 운영하는 '카페나누다'를 통해 사회참여 기회를 주고 있었다.

동대문구가 좀더 따뜻했으면 좋겠다

일부 어르신들은 또 다른 삶을 살고 있었다. 폐지를 줍는 할머니는 허리가 휘도록 아직도 일하고 있었다. 느티나무 그늘 밑에서 할머니들이 햇빛을 받으면서 졸고 있었다.

복지관에는 사물놀이, 고전무용, 핸드폰 강습 등 다양한 강좌가 있었으나, 어르신들은 답답한 수용시설로 여겼다. 길에서 만난 어르신들은 다양한 결을 지니고 있었다.

청량리 구두수선 박스를 찾은 적이 있었다. 구두만 보고도 신발주인의 성격과 생활수준을 안다고 했다. 구두만 봐도 인생살이가 보인다고 했다. 우리네 인생살이는 참으로 험하고 험하였다.

전태일이 분신하였을 때는 청계천 주변으로 일명 '토끼장'이라 불리는 봉제공장이 많았다. 지금은 용신동, 장안동이 봉제공장 명맥을 유지하고 있었다. 용신동과 장안동 골목을 지나다 보면 화려한 도시의 거리와는 달리 아직도 토끼장 미싱이 돌아갔다.

연립주택 1층이나 반지하, 때로는 차고에서 작고 영세한 봉제공장 미싱이 돌아갔다. 어느 곳은 살림집을 겸했다. 1800여 개의 봉제공장이 아직도 열악한 상태에서 돌았다.

이들은 하루 14시간씩 일하는 사람들이었다. 하루 일당 8~9만 원을 번다고 했다. 천장에 원단을 주렁주렁 매달고, 미싱을 돌리며 한여름에 에

어컨도 없이 선풍기로 일하는 작업장도 많았다. 아직도 이렇게 일하는 사람들이 있었다.

무엇보다 봉제공장은 시간과의 싸움이었다. 동대문은 워낙 유행에 민감한 데다 요즘에는 코로나로 봉제업자들은 피를 말리는 싸움을 하고 있었다.

봉제 노동자들은 정규직도 비정규직도 아니라고 했다. 비정규직은 계약 기간이라도 있으나, 봉제 노동자들은 일이 있으면 하고, 없으면 말고였다. 영세사업주는 사업자등록을 할 엄두도 못 낸다고 했다. 길에서 만난 동대문의 민낯이었다. 장애인들의 삶, 어르신들의 노후, 봉제인들의 일터를 만났다.

앞으로 이분들을 보듬으면서 가야겠다. 참으로 힘든 여러 삶을 보았다. 앞으로 동대문이 좀 더 정직하고, 따뜻했으면 좋겠다고, 그런 동대문을 만들어야겠다고 다짐했다.

나의 철학은
주민이다

내 삶의 두려움 대신
무엇을 채워갈까?
나를 사랑하기였다.

이필형 후보가 누구냐?

주민들의 마음을 얻어갔다. 그러나 문제는 도처에 있었다. 우선 당내 경선 통과를 위해서는 당원의 마음을 얻어야 했다. 명함 돌리기를 통해 민심의 흐름은 따라가고 있었다. 그럼에도 이필형은 당원들에게 여전히 이방인이었다.

동대문 갑과 을 지역에서 여전히 핵심 당원 누구도 나의 캠프를 찾지 않았다. 하꼬방(판잣집)이라는 왜소함에다 지역활동이 없음을 누구나 알았다. 당원들도 "이필형 후보가 누구냐?"라고 여전히 묻고 있었다.

이제부터 해결해야 할 중요한 일은 당원들의 마음 얻기였다. K 후보는 동대문 갑 지역의 청량리, 이문동을 중심으로 세를 확산하고 있었다. S 후보는 동대문 을 지역의 당원을 중심으로 답십리와 전농동에서 우세하였다. L 후보는 동대문 갑을 지역에서 고르게 지지세를 확보하고 있다는 여론이 우세하였다.

판세를 보면 탈락 인사들의 행보가 판을 좌우할 것이었다. I, K 선배들이 핵심열쇠를 쥐고 있다고 판단했다. 두 분 모두 고대 선배들이었다.

I 선배는 원칙이 있는 정치인으로 대의명분이 맞으면 함께할 가능성이 크다고 보았다. 직접 찾아뵈었다. 간혹 길거리 선거운동 과정에서 우연히 마주쳤으나 대면 만남은 처음이었다. 재심신청 절차를 물어보셔서 친절히 답을 했다. 중앙당 접수 절차와 방법을 세세히 설명했다.

I 선배의 모습에서 나의 컷오프 탈락이 떠올랐다. 나도 어찌 될지 모르나 동병상련의 아픔이 두 사람을 의기투합시켰다.

K 선배는 고대 선후배들이 나서서 지원을 요청하였다. 평소 동대문 을 지역 당협위원장을 맡은 경험이 있었으나, 오랜 세월의 정치는 K 선배를 오히려 힘들게 했다. 그래서 그런지 K 선배는 쿨하게 도와주었다.

동대문에서 처음으로 지구당 세력을 가진 중심인물들이 캠프에 가담하였다. 매일 혼자서 동대문을 누벼왔다. 이제야 동대문 갑을의 조직책을 구성했고, 당내 경선을 앞두고서 비로소 조직다운 조직을 꾸렸다. 곧 14개 동의 조직책들을 구성하였다.

무엇보다 경선승리는 당원들과의 스킨십이라고 보았다. '어떻게 할까?' '어디가 접점일까?' 현실적으로 당원과 만나기는 하늘의 별 따기였다. 직접 통화하는 방법을 택했다.

조직책들을 통해 영향력이 있는 오래된 당원들과 통화를 시도했다. 고

참 당원들은 나의 전화에 시큰둥하였다. 일부 당원들로부터는 노련하게 형식적으로만 열심히 하라는 격려성 답변만 돌아왔다. 하지만 점점 당원들이 마음의 문을 열어주기 시작했다.

전화통화를 하면서 계속 반응을 분석하였다. 터줏대감 당원들은 I, K 선배들에게 맡겼다. 나는 전략적으로 청년당원들을 선별하여 전화하기 시작하였다.

또한 서울지역의 전·현직 원외당협위원장들과 중앙당의 중앙위원, 직능단체장들에게 동대문지역 당원들과의 통화를 요청했다. 이것이 상당한 효과를 발휘하였다. 중앙당과 연결되는 당원들은 지역의 핵심역할을 담당했다. 이들을 중심으로 바람이 일었다.

사실 사람이 두려웠다. 그런데 내가 이렇게 전방위적으로, 주도적으로 나설 줄 몰랐다. 나는 관계에 대한 두려움이 컸고, 한번 사람을 사귀면 오래갔으나 불특정 다수인을 상대로 이렇게 나서기는 처음이었다.

행복하자

나의 트라우마는 초등학교 시절 소풍이었다. 소풍 점심으로는 김밥이 유행이었으나 우리 어머니는 장사로 바쁘셨다. 김밥의 존재 자체를 모르셨다.

내가 김밥을 조르자 깨소금에 참기름을 버무려 둘둘말이 통김밥을 싸주셨다. 점심을 먹으려고 김밥을 내놓으려다 슬그머니 도망쳤다. 친구들의 김밥에는 단무지, 시금치, 계란후라이가 들어있었다. 나는 둘둘말이 김밥을 도저히 내놓을 수가 없었다. 그날 이후 김밥은 나의 트라우마가 되었다. 매번 소풍 때마다 혼자 밥을 먹었다. 그러다 보니 스스로 의기소침해졌다. 사람에 대한 두려움이 자리를 잡았다. 나만의 성을 자꾸만 쌓아갔다. 어느 날 관계에 대한 두려움을 넘을 수 없는 나를 보았다.

돌이켜보니 이번 선거를 통해 내가 변해가고 있었다. 명함주기를 통해 나를 조금씩 알아갔다. 걸으면서 나를 알아가고 나는 나를 보여주면 되었다. 그렇게 시간이 쌓여갔다.

'내 삶에 두려움 대신 무엇을 채워갈까?'를 묻고 물었다. 어느 순간 전율처럼 답이 왔다. '나를 사랑하기'였다. 있는 그대로 나를 긍정하기였다. 있는 모습 그대로 사랑하면 되었다.

행복하자^(Be Happy!) 그렇다. Be Happy!였다.

그렇게 나를 만났다. 선거는 혼자하는 여행과도 같았다. 선거운동을 하면서, 유권자를 만나면서 나 자신을 새롭게 만났다. 이미 타인이 규정하였거나 기대하는 모습이 아닌, 아무런 선입견이 없는 나의 모습을 온전히 바라보며 그렇게 헤쳐나갔다.

명함주기는 내 인생에 새로운 계기였다. 유권자들을 새롭게 만나가면서 가파르게만 느껴졌던 삶의 길이 완만하게 보였다. 동대문 한복판에서 나를 긍정하자, 타인이 보이기 시작했다. 당원들은 점차 이필형 후보가 동대문의 대안이라고 인식해주었다.

5월 1일 서울시당은 6.1 지방선거 국민의힘 동대문구청장 선거 후보에 이필형 예비후보를 확정했다고 발표했다. 사람들은 의아해했다. 아니 하꼬방(판잣집)의 기적이라고 했다. 그러나 나는 알았다. 내가 나를 극복하였음을...

이어서 민주당도 5월 2일 최동민 후보를 동대문구청장 후보로 확정했다. 최동민 후보는 지난 4년 동안 동대문에서 터전을 닦아온 후보였다. 여론조사 전문가인 지인이 전화를 주었다. 최동민 후보가 15% 정도는 앞섰으니 각오를 단단히 하라고 했다.

당시 후배로부터 15% 뒤졌다는 정보를 듣고 코웃음을 쳤다. 나는 극구 부인했다. 내가 체감하는 여론은 경합우세였음을 강조하였다. 현장에서 내가 만난 여론은 나의 승리라고 강변하였다.

일주일 뒤 좁혀지고 있다는 소식을 들었다. 10% 뒤지고 있다는 소식이었다. 나는 애써 무시했다. '그럴 리 없다.' 여론조사는 표본에 따라 다르다고 분석했다.

정치는 도덕성이 핵심이다

나는 사실 앞만 보고 달려 나의 패배를 상정하지 않았다. 내 길만 보고 달렸다. 주변을 돌아볼 틈이 없었다. 그런 의미에서 이번 지방선거 승리는 기적이었다.

하인리히(Herbert W. Heinrich)는 여행보험 회사의 관리자였다. 그는 1931년 7만 5천건의 산업재해를 분석한 결과 아주 흥미로운 법칙 하나를 발견했다.

이를 토대로 산업 안전에 대한 1 : 29 : 300 법칙을 주장했다. 산업재해 중에서도 큰 재해가 발생했다면 그전에 같은 원인으로 29번의 작은 재해가 발생했고, 또 운 좋게 피했다면 같은 원인의 사건이 300번은 있었을 것이라는 사실을 밝혀냈다.

하인리히 법칙은 첫째, 사소한 것이 큰 사고를 야기한다. 둘째, 작은 사고는 거기에 그치지 않고 연쇄적인 사고로 이어진다. 요즘 구청장을 하면서 반면교사로 삼고 있는 사고의 틀이다.

최동민 후보와의 싸움은 많은 교훈을 주었다. 개인적으로 이 지면을 빌려 고마움을 표하고 싶다. 최동민 후보가 어느 날부터 자신은 토박이인데, 내게 '뜨내기'냐고 묻기 시작했다. 그러면서 지역민들이 "너 어디서 왔니?"를 또다시 묻기 시작했다. 10여 년 전 백두대간 지리산 구간을 묵묵히 걸으면서 저녁 어스름 속에서 뒤를 돌아본 적이 있다. 지리산 연봉이 출렁였다. 그 순간 무릎 꿇고 속삭였다.

"주여! 내가 저 길을 걸었습니까?"

나는 유권자들에게 오히려 최동민 후보를 감싸주었다.

"최동민 후보입장에서는 충분히 할 수 있는 말이다. 공감한다. 그러나 정치는 말보다는 행동을 앞세워야 한다."

에둘러 갈등을 피해갔다.

그리고 "정치는 도덕성이 핵심이다. 도덕성은 책임감이다." 중요한 것은 "어떻게 동대문을, 더 좋은 동대문으로 만드느냐는 것"이라면서 나의 이야기에 집중했다.

"누가 동대문을 위한 적임자인가?"를 끊임없이 질문했다. 나의 길을 가면 되었다. 주민의 뜻을 찾아가면 그 길이 나의 길이 되었다. 나를 극복하는 것은 역설적이게도 주민의 목소리대로 하는 것이었다.

  그렇게 쉴 새 없이 달렸다. 인생의 퍼즐을 맞추듯이 내 길을 맞추어 갔다. 인생이 퍼즐이라면 모든 퍼즐은 다 맞추기는 어려운 줄은 알았다. 언젠가 구멍이, 실수가 생기고, 후회할 일도 생길 것이나 그것으로 불안해할 필요는 없었다. 그렇게 내 길을 갔다.

말하기는
전략이다

도무지 확신이 서질 않았다.
나의 대중연설은
확신도, 설득력도,
공감력도 없어 보였다.

'예, 아니오'라고 말할 줄 안다

스타벅스는 커피전문점이다. 커피에 확실한 콘셉트를 담는다. 제품을 차별화하고 사람들의 욕구를 끊임없이 관찰한다. 대표상품을 만들고 승부한다. 지역 특성에 맞는 메뉴를 개발하고 품질에 목숨을 걸며 브랜드 이미지를 판다.

스타벅스는 무엇보다 "적시에 예라고 대답한다."(Just In Time, Just Say Yes) 그리고 스타벅스는 길목을 잡는다. 길목을 잡는 영업기술은 누구에게나 필요한 핵심기술이다. 전쟁이든, 영업이든 장소 선점이 승패를 좌우한다.

이번 선거를 진행하면서 스타벅스의 전략을 참조했다. Change를 대표상품으로 했다. 적시성을 중시해 길목을 잡았다. 마케팅은 대화라는 전략을 주시했다.

동대문은 12년 동안 민주당이 집권했다. 12년 동안 호의적 변화를 주도했으나, 반면에 보수에게는 암흑의 시기였다. 보수는 미래가 없었다. Change를 통해 보수결집을 이루었다.

유권자들도, "바꿔라, 그래 바꿔, 제대로 바꿔라"고 주문했다. 유권자가 호응하는 메시지를 반복했다.

"중랑구만큼만 해라. 성동구만큼만 해라."

이를 통해 변화의 불가피성을 반복했다.

그리고 고객의 마음을 읽는 말하기에 주목하였다. 마케팅의 중심은 사람이었다. 5월 19일부터 지방선거운동이 본격화되었다. 5월 19일 처음으로 용신동 마을금고 앞에서 선거운동을 시작했다. 사회자로부터 마이크를 넘겨받았다.

그동안 연설기법을 읽고, 말하기의 방법을 배웠으나 마이크 앞에 서자 눈앞이 깜깜해졌다. 주섬주섬 말을 이어갔다. 유권자들은 나를 관심 있게 응시했다. 눈길들과 마주칠 때마다 눈길을 피하기에 급급하였다. 시선이 그렇게 무거운 것임을 새롭게 알았다.

그러나 지지자들은 나의 말에 박수로 신뢰를 보내주었다. 얼굴이 화끈거렸다. '내가 지금 무엇을 하는 걸까?' 도무지 확신이 서질 않았다. 나의 대중연설은 확신도, 설득력도, 공감력도 없어 보였다.

난감하였다. 용신동 행사가 끝나고 명함을 돌리면서 말하기에 끊임없이 몰두하였다. 말은 나의 생각을 전달하는 도구였는데 나는 무엇을 말하는가? 자괴감이 앞섰다.

최고의 전략은 나의 원칙과 소신을 말하기였다. 나 자신을 말하기였다. 주민들이 나에게 "진솔하다! 정직하다! 예, 아니오! 라고 말할 줄 안다." 내가 듣기 송구할 정도로 나를 긍정적으로 평가해주었다.

'지도자'란 생각을 말로 잘 표현하는 사람이라고 했다. 말은 민주주의의 핵심전달 수단이었다. 말은 사람이 지닌 생각의 표현이며, 능력이었다.

내가 답이었다

연설을 가다듬어야 했다. 주제를 세 가지로 정했다.

첫째, 나를 말하자. 그동대문을 5바퀴 걸으며 거리에서, 카페에서, 식당에서, 사무실에서 주민들을 만난 이야기를 서술해나갔다.

주민들이 요구하는 동대문의 현재와 미래의 무한한 가능성을 말했다. 주민들은 삶에 희망을 품고, 새로운 기회의 문을 기대하고 있었다. 이제 겪을 만큼 겪었다는 주민들의 생각을 말했다.

둘째, 진솔하게 말하자. 솔직함은 누구에게나 강력한 무기였다. 메시지의 내용은 단순하게, 그동안 주민들에게 들은 말들을 일목요연하게 정리하였다.

무엇보다 확고한 소신에 바탕을 둔 메시지들을 정리했다. 나의 정치적 원칙과 구정 운영의 소신을 정리했다. "쾌적하게, 안전하게, 투명하게"를 3대 운영방침으로 정하고, 이를 구체적으로 서술하면서 주민들과 공감대를 넓혀갔다. 동대문의 문제를 핵심적으로 정리했다. 밥퍼 문제를 비롯하여 거리가게 문제를 도시환경과 보행권의 문제로 가닥을 잡았다.

이와 함께 주민들께서 말해준 내용을 정리했다.

"구정 살림을 내집 살림처럼 해라. 보이는 곳보다, 보이지 않는 곳에서 열심히 해달라. 선거 때만 철새처럼 나타나지 말고 평소에 잘해라."

줄기차게 외쳤다.

셋째, 비전을 말하자. 동대문의 미래를 비전으로, 비전을 메시지로 만들었다. 내일이 있는 삶과 더 나은 미래, 새로운 선택에 따른 변화를 이야기했다.

우리의 미래를 위해 균형 잡힌 품격있는 도시를 만들고 싶다. 동대문의 미래는 고층빌딩보다도 내 삶의 소박한 꿈을 실현하고, 내 삶의 작은 기적을 체험할 수 있는 터전으로 만들고 싶다고 반복해서 외쳤다.

콘텐츠는 어느 정도 갖추었으나 말하기는 넘을 수 없는 산이었다. 태생적으로 내성적인 데다 대중 앞에서 말하기는 초보였다. 처음에는 무조건 외웠으나 암기는 설득력이 없었다. 잘하려 할수록 말은 꼬였다. 주민들은 말하기에 관심이 없는 하면서도 유심히 지켜보았다.

발표에 대한 불안은 연습을 열심히 해도 몰려왔다. '실수해도 괜찮아'를 되뇌어도 어김없이 긴장의 순간은 다가왔다. 말은 틀리면 고치면 되었으나 완벽을 향한 욕심은 끝이 없었다.

충분한 연습이 불안을 줄였다. 키워드 중심으로 단순히 구성하고, 청중이 원하는 것을 이야기하면 되었다. 중요한 건 두려움에 맞서는 용기였다.

누군가의 생각이 아니라 내 생각과 목소리를 전하면 되었다. 여기에 뻔뻔함이 필요했다. 청중에게 비추어지는 내가 아니라 본연의 나에게 하는 뻔뻔함이 필요했다.

나를 응원해야 했다. 믿음은 나로부터 시작됨을 깨달아 갔다. 그리고 주민들은 자신들이 듣고 싶은 이야기에 관심이 있음을 알았다.

나는 나였다. 그것은 결국 뻔뻔함에 앞서 겸손함을 갖추는 것이었다. 그러면서 세상의 경이로움에 눈을 떠갔다. 경이로움은 세상 속에 있었다. 나는 내가 알 수 없었던 세상의 법에 다가서는 나를 보았다. 내가 답이었음을 깨달아 갔다.

나는 운이 좋았다

삶은 끝없는 여행이었다. 대중연설의 모퉁이에서 머뭇거렸으나 나를 보았다. 그대로의 나라면 된다. 잠시 넘어져 비틀거렸으나 내 안에 있는 최선을 향해 나아갔다. 뻔뻔해져야 한다. 그러나 겸손함을 갖춘 뻔뻔함으로 무장하자.

겸손함이란 '나는 틀릴 수 있다' '내가 아는 사실도 부분적일 수밖에 없다. 아니 사실이 아닐 수도 있다' 누구에게나 열린 마음으로 존중하고 다름을 인정하는 것이었다. 그것이 민주주의였다.

나는 자유의 가치를 소중히 생각해왔다. 신념은 자유임을 몸으로 깨달았다. 매 순간 절실한 심정을 가졌다. 정치에 나서면서 아픔도 겪었으나, 정말 값진 경험을 했다. 내 가슴속에 무엇인가가 자라고 있었다. 일종의 운명과 같이 피할 수 없는 현실이 있었다.

정치는 마약과도 같다는 말은 어느 정도 진실이었다. 막상 선거전이 시작되면서 뜻밖에도 나를 재평가해주는 분위기가 확산되었다. 주민들이 무척이나 반겨주었다. 심지어 내 연설을 들으면 속이 다 시원하다고 했다.

연단에 서자 용기가 나기 시작했다. 나도 욕심이 더 생기기 시작하였다. 불안하고 힘든 시간이 지나가면서 들뜬 기분은 제법 오래갔다.

"저 연설했어요!"

무엇이든 두려워하지 않겠다. 피하지 않겠다. 나는 운이 좋았다.

우리는
연결되어 있다

나의 승리는 기적이었다.
선거전략은 '겸손하게 밑으로'라는
하심(下心)과 일관된
커뮤니케이션이었다.

섬기면 축복이 된다

4월 24일 새벽 전농동을 지나가는데 상가에 불이 붙고 있었다. 119에 신고하고, 현장을 지켜보았다. 화재 피해 확산을 막고, 조기진화를 도왔다. 그때 옆에서 지켜보던 행인께서 상황과는 아이러니하게도 "불이 난 것을 보는 것은 운이 좋은 겁니다. 승리를 기원한다"라면서 총총히 사라지셨다.

생각해보니 주민들은 늘 현장에서 내게 말을 걸어주었다. 주민의 말씀 한마디 한마디가 힘이 되었다. 정말 낯선 주민들이 중요한 정보를 주었다. 툭툭 던진 아이디어를 통해 내가 틀릴 수 있음을 배웠다. 다른 생각을 인정하기 시작한 것이다.

주민에게 열린 마음과 존중하는 태도로 귀를 기울였다. 그러자 주민들께서 소중한 마음을 전해주었다. 나는 다름의 가치를 깨달아 갔다. 제3자의 관점에서 보게 되었다. 나는 생각의 한계를 넘고 나의 틀을 깨기 시작하였다.

성경에서 사람을 환대하는 이야기가 생각났다. 아브라함이 천사를 환대하자 하나님은 아브라함에게 100세 때 아들 이삭을 주었다. 아브라함에게는 놀라운 선물이었다.

소돔과 고모라에서는 롯이라는 사람이 두 천사를 소돔의 자기 집으로 영접하였다. 나그네 천사는 롯에게 멸망의 성 소돔을 떠나 구원의 길을 알려주었다. 낯선 이에 대한 환대가 축복으로 돌아온 것이다.

나도 깨달았다. 주민을 진정으로 섬기는 마음을 가졌을 때 주민들의 마음이 열렸다. 이는 낯선 사람의 길을 받아들이고, 나의 편견을 깨고 새로운 가능성을 끌어안는 것이었다.

주민들에게 명함주기는 단순한 행위였다. 처음에는 고개만 숙이면 되는 줄 알았다. 형식만 갖추면 될 것으로 생각했다. 그러다 나는 유권자들 사이를 스쳐 지나가고 있음을 깨달았다. 그래서는 안 되었다. 마음으로 다가서고 주민의 마음을 열어야 했다. 주문들이 겸손함을 느낄 정도로 낮은 자리에 서야 함을 알았다.

그러다 기독교의 공동체를 창조하고 이어가는 방법은 성찬식이었다는 데에 생각이 미쳤다. 성찬식을 통해 빵을 나누었다. 성찬식이 끝나고 서로 이야기를 나누었다. 서로의 주변 이야기와 기대와 희망을 나누면서 대화를 나누었다.

마찬가지로 주민들과의 이야기를 통해 유대감이 이어졌고 공감을 통해 새로운 관계가 형성되었다. 깊은 교감 속에서 정직하고 열린 대화가 이어졌다. 동대문이라는 공동체 속에서 우리는 하나가 되었다. 자유와 평등을 서로 다르게 주장하였으나 우리는 동대문이라는 울타리에 함께 속해 있었다. 서로 의존하고 있었다. 그러면서 현장과 현장에서 만나는 주민의 목소리의 힘을 알아가고 있었다.

동대문 14개 동을 다니며 진심으로 고개를 숙이고 주민의 말씀을 경청하였다. 주민의 말씀 한마디 한마디를 놓치지 않기 위해 열과 성을 다했다. 그렇게 하여 동대문 14개 동의 핵심공약을 주민들의 목소리로 채웠다.

언론인들은 공약집이 나왔을 때 다소 아마추어스럽다고 했다. 최동민 후보는 세련되고 도시적인데 이필형 후보는 아직은 덜 숙성되었다고 평했다. 그러면서도 알 수 없는 호감이 간다는 토를 달아 주었다.

내가 지고 있었구나!

5월 13일 청량리에서 개소식을 가졌다. 이준석 대표와 오세훈 시장이 참석하여 나의 부족함을 메워주었다. 두 분의 참석으로 동대문은 이필형 후보가 급물살을 탔다는 여론이 확산되었다. 무엇보다 오세훈 후보의 청량리 복합개발은 나에게 날개를 달아 주었다.

나는 동대문구청장 출마의 변을 통해 분명한 메시지를 전달했다. 동대문구는 동대문을 서울의 문이라고 홍보하고 있으나 동대문은 여전히 서울의 낙후지역이다. 이를 타파하기 위해 '동 동 동대문을 열어라'와 '힘 있는 후보' '이필형=변화'를 역설하였다.

반면, 나의 포지티브 캠페인이 상대편 민주당 후보에게는 네거티브 효과를 불러 왔다. 국정원 28년 근무와 청와대 행정관을 비롯 다양한 정당경력이 동대문구청장감이라는 강점으로 작용했다. 나의 강점이 상대 후보를 무력화시켰다.

상대 후보에게는 12년 동안 민주당이 집권해왔으나 성적표는 형편없다는 여론이 형성되었다. 나에 대한 긍정적 이미지가 형성되면서 상대적으로 민주당 후보는 운동권 후보라는 한계에 갇혔다. 우리의 메시지가 나를 잘 비추어주자 상대편은 부족하다는 여론이 형성되었다.

5월 19일부터 본격적인 선거운동이 시작되었다. 이른바 걷기의 바닥 훑기 백병전, 중앙정치인을 동원한 공중전을 통해 뒤집기 전략을 집요하게 구사하였다.

판세를 보면 내가 후보에 선택되었을 당시 나는 15% 정도를 뒤지고 있었다. 그러나 나는 15%에 얽매이기보다는 밑바닥을 훑고 주민의 마음을 얻어가는 데만 집중하였다.

주민들에게 명함만 돌린다는 생각 외에 아무 생각을 하지 않았다. 거칠 것이 없었다. 참모들은 상대를 보고 전략을 짜라고 하였으나 내게는 내가 갈 길만 보였다.

선거운동을 시작할 당시 내가 15% 뒤졌다는 사실을 알게 된 것은 선거 승리 후 한참 뒤였다. 중앙당과 민주당의 객관적 자료들을 보고 나서야

중랑천 자전거 꽃길에 핀 금계국: 벌이 금계국에 앉아 일하고 있는 것처럼 동대문의 미래를 위해 일해야겠다.

알았다.

"내가 지고 있었구나"

그런데 선거운동 과정에서 한 번도 진다는 생각을 해본 적이 없었다. 지금 생각해도 참으로 신기했다. 일종의 무모함이랄까! 직진만 했다. 동대문만 바라보면서 뛰었고, 지금도 동대문만 바라보면서 뛴다고 힘주어 말하고 있었다.

문득 DJ의 "정치인은 서생적 문제의식과 상인적 현실감각을 가져야 한다"라는 말이 생각났다. 학자의 사회를 보는 비판적 안목과 상인의 수지타산을 생각하는 현실감각의 조화를 갖추어야 한다는 말이다. 정치 초보인 내가 잊지 말아야 할 경구였다.

돌이켜보면 나의 선거승리는 기적이었다. 정치판에서 통용되는 상식에 벗어나 있었다. 나의 선거운동 전략은 '겸손하게 밑으로'라는 하심(下心)과 일관된 커뮤니케이션이었다. 나는 동대문의 변화와 미래 그리고 발전을 이야기했다.

선거운동 중에 이준석 대표가 두 차례 방문했다. 이 대표는 주민들은 누구이며, 무엇을 생각하고, 어떻게 살아가는가? 주민에게 어떻게 봉사하는가를 일목요연하게 힘주어 설명했다.

오세훈 후보도 6차례나 동대문을 방문하여 힘을 실어 주었다. 내가 국정원 출신의 소신과 원칙, 그리고 동대문을 운영할 능력을 갖추고 있다면서 오세훈과 함께 동대문을 바꿀 적임자라며 뒷받침해주었다.

오세훈 후보는 회기역 파전 골목에서 대학생들과 막걸리 파티를 하면서 "청량리 복합개발과 홍릉 바이오허브" 공약을 통해 동대문의 발전과 미래 비전을 다져주었다.

메시지는 동대문구의 변화였다

선거는 1단계로 자신을 자리매김하고, 규정하는 포지티브 전략과, 2단계로 부동표 공략을 위한 네거티브 전략이 있다. 나는 내 길을 고수하는 포지티브 전략을 선택했다.

그런데 오세훈 후보가 뜻밖에도 "민주당 후보가 이기면 동대문에 미래는 없다. 우리 후보 이필형이 되어야 오세훈과 함께 동대문이 발전한다"라면서 부동층을 잡기 위한 효과적인 네거티브 전략을 구사해 주었다.

정진석 국회부의장은 "동대문이 필요한 예산을 확실히 챙기겠다. 오세훈, 정진석과 이필형은 대학 동기"라면서 "민주당이 할 수 없는 동대문

발전을 이필형 후보가 이루게 하겠다"라며 힘을 실어 주었다.

이재오 대표는 국민통합연대의 사무부총장으로 자신과 일을 해보니 정당인이 갖출 수 없는 행정, 기획능력이 있는 일꾼이라면서 나를 경륜과 자질을 갖춘 준비된 동대문구청장 후보라고 응원해주었다.

이인제 대표도 국정원 28년의 경력을 토대로 소신과 원칙을 지키는 반듯한 인물론을 들고 나왔다. 나와의 인연을 강조하면서 나를 동대문의 미래로 추켜세웠다. 민주당이 계속 집권하면 동대문의 낙후성을 탈출할 수 없다고 단언해주는 연설을 해주었다.

선거운동의 방향은 분명했다. 메시지는 동대문의 변화였다. 변화를 강조하기 위해 민주당 무능론을 쟁점화했다. "힘 있는 여당만이 동대문을 바꿀 수 있다"라면서 동대문 정권교체론을 이슈화했다.

나는 선거운동 내내 낮은 자세로 명함 돌리기에 여전히 매진했다. 연단에 설 때면 동대문의 변화가 필요하다, 12년 동안 고인 물을 바꾸어야 한다면서 "바꿔라, 바꿔, 제대로 바꿔라"라는 주민의 말씀을 전했다.

누가 동대문을 바꿀 수 있습니까? 누가 준비되어 있습니까? 누가 동대문의 더 나은 미래를 만들 수 있습니까?를 외치면서 "새 시대, 새 인물, 새로운 리더십론"을 힘주어 말했다.

국화꽃 한 송이를 피우기 위해 봄부터 소쩍새는 저리도 울었다고 했다. 이필형이라는 정치신인을 위해 모두가 발을 벗고 나섰다. 내 인생에 그렇게 빚을 져 본 적이 없는데 이번 동대문구청장 후보로 나서면서 많은 빚을 졌다.

이와 함께 중앙 정치 무대의 거물들이 동대문을 다녀가자 오랜만에 동대문이 중심이 되었다고 당원들과 지지자들이 환호하였다. 그러면서 자연스럽게 "민주당 후보가 계속 동대문에 집권하면 동대문의 미래는 없다. 동대문을 이제 바꿔야 한다"라면서 민주당이 집권하면 동대문은 미래가 없다는 불안감이 확산되었다.

나는 민주당을 정책으로 공격했다. 동대문의 낙후성은 민주당 12년 집권의 정책실패라고 규정했다. 또다시 민주당이 집권하면 동대문의 미래는 없다고 유권자들에게 민주당의 무능론을 환기했다. 부동층에게는 동대문의 미래를 선택해줄 것을 호소했다.

나는
동대문을
열었다

이필형이라는 촛불은 강력해졌다.
새롭게 장착한 엔진은
지역을 급속하게 파고들었다.

동 동 동대문을 열어라!

나의 구체적 선거전략을 세워보았다. 크게는 1단계 촛불전략, 2단계 횃불놓기전략, 3단계 모닥불과 봉홧불전략, 4단계 들불전략을 구사했다.

선거운동 초반(3.21~4.17)에는 명함 돌리기에 초점을 두었다. 목표를 10만 장으로 잡았다. 동대문구를 구석구석 걸으면서 지역을 먼저 알아가는 데 초점을 맞췄다.

'이필승=이필형'이라는 촛불을 들어보자! 선거운동 초반에 압도적 힘으로 10만 개의 촛불을 던지자. 동대문구에 빛을 비추자. 무모했으나 명함 10만 장을 목표로 달렸다. 무작정 걸었다. 구민을 1:1로 접촉하였다. 한 장 한 장 명함을 구민들에게 돌리면서 '이필승' 신드롬이 발생했다. 그리고 명함에 새겨진 "동 동 동대문을 열어라"가 서동요적인 효과를 갖고 왔다.

서동요는 신라시대 향가였다.

"백제 무왕은 소년 시절에 아명이 서동이었다. 신라 서울에 들어가 선화공주와 결혼하려고, 서동요를 지어 불렀다. 노래가 아이들에게 퍼졌다."

명함을 주면 50대 이상 여성들은 마치 서동요를 부르듯 "동 동 동대문을 열어라!"라고 화기애애하게 화답해 주었다. 젊은 주부들은 아이들에게 "동 동 동대문을 열어라"라고 노래를 해주었다. 그러면 아이들은 따라불렀다. 이것은 평이하였으나 나의 이미지를 서민적이면서 친근하게 만들어주었다.

'이필승'과 '동대문을 열어라'는 나의 트레이드마크가 되었다. 동대문 토박이었으나 아직은 이방인인 나를 주민들과 쉽게 섞이게 해주었다. 이것이 초반 촛불 작전의 커다란 밑그림이 되었다.

캠프 운동원들은 정치권 경험이 많았다. 그러면서도 나의 선거전략에 대해 통상적이지 않다면서 불안감을 보였다. 나의 촛불전략에 대해 의구심을 갖고 고개를 갸우뚱거렸다. 운동원들은 엉뚱한 바람에 촛불이 꺼지지나 않을까? 불안해 했다. 좀 더 나은 방법을 찾아야 하지 않을까? 석연찮은 마음을 드러내 보였다.

다행히 하루하루 선거운동이 더해지면서 촛불전략은 대중 속으로 파고들기 시작했다. 나의 산행으로 다져진 체력과 이번이 끝이라는 절박감, 성실성, 인내심 그리고 선거에 임하는 자세만큼은 타의 추종을 불허하였다. 여기에 L 전 국장과 L 공단팀장이 합류하였다. 두 사람은 빈집에 소가 들어온 형국으로 무작정 돌아다니는 떠돌이에서 거점을 찾고, 전략지점을 파고들면서 선거운동의 새로운 국면을 맞았다.

초반기 촛불전략이 급격히 횃불로 변해가기 시작하였다. 이필형이라는 촛불은 강력해졌다. 새롭게 장착한 엔진은 지역을 급속하게 파고들었다. 물만난 고기처럼 동대문 을 지역은 답십리초등학교와 전농중학교 출신으로 주민들에게 급속하게 자리를 잡았다. 그러나 동대문 갑 지역은 용신동, 청량리를 제외하고는 가도 가도 삼만 리처럼 분위기가 잡히지 않았다.

그러다 이들이 가세하면서 동대문 갑의 밑바닥 지역이 움직이기 시작했다. 무엇보다 구민체육회관의 운동하는 지역민들을 비롯해 축구, 족구, 배드민턴 등 체육동호인을 중심으로 지역의 큰 손들이 가세하기 시작하였다. 횃불은 모닥불로 옮겨붙기 시작하였다.

이른바 빅 마우스들이 모여들기 시작했다. 횃불들이 모여들면서 모닥불 놓기가 시작되었다. 빅마우스들은 지역 커뮤니티를 중심으로 모닥불을 붙였다. 여기에 나는 고집스러울 정도로 장안벚꽃길과 배봉산을 집중 공략하였다.

2주 차가 되자 중랑구와 광진구 일각에서조차 이필승이 바람을 일으키고 있다는 관전평이 나오기 시작하였다. "진솔하다. 열심히 한다. 구청장 감이 오랜만에 나왔다. 성실하다. 맡겨 볼 만하다"라는 평이 자리를 잡기 시작했다.

이 기세를 타기로 했다. 선거조직원들을 독려했다. 동대문 갑을 지역에 50개씩 전역에 모닥불 100여 개를 놓자! 한번 불이 붙자 기세는 무서웠다. 여기저기에서 자원봉사를 하겠다는 사람들이 줄을 이었다. 그러나 국민의힘 당원들은 아직 움직이려고 하지 않았다.

아직 예비후보 시절이었다. 선거운동 초반에 도보로 약 275km 이상을 걸었다. 지역민들 사이에서 동대문을 바꿀 후보가 길을 걷고 있다면서 지역민들의 격려를 수없이 받았다.

선거운동 중반 전략은 봉홧불 놓기였다. 컷오프되면서 재충전의 기회도 왔다. 호사다마였다. 세상은 늘 좋은 일만 이어지지 않았다. 4월 18일 충격적인 컷오프 소식으로 캠프는 초토화되었다. 컷오프되면서 바로 해단식을 했다.

그러나 바로 다음 날 페이스북에 '주민에게 감사드리는 글'을 올리자 주민들의 재심요구 전화가 쇄도하면서 중앙당 재심 요청을 강행했다.

중앙당은 당 기여도와 본선경쟁력이라는 기준을 들어 재심 요청을 받아들였다. 컷오프로 인한 4~5일간의 공백기간은 오히려 전열재정비 기간이 되었다. 직능단체장과 책임당원들에게 직접 전화통화를 하면서 지지를 독려했다.

개인 카톡을 통해 1:1로 모닥불에게 메시지를 직접 보내는 전략을 구사했다. 의외로 면대면 1:1 접촉전략은 당원들과 직능단체장들로부터 좋은 반응을 받았다.

장안벚꽃길과 배봉산을 승부 지역으로 선택했다. 하루에도 2~3차례씩 장안벚꽃길과 배봉산, 중랑천변, 정릉천변을 집중적으로 공략했다. 유권자들은 일정한 시간대에 움직였다.

그때를 공략했다. 반복적으로 유권자를 접하면서 명함을 2~3장씩 받는 분들이 늘어났다. '이필승=이필형'은 널리 회자되기 시작했다. 여기에 '동 동 동대문을 열어라'가 신선함을 역설적으로 더해 주었다.

나의 선거운동은 들불전략이었다

'동 동 동대문을 열어라'가 회자되면서 컷오프를 이겨낸 오뚜기라는 '힘있는 후보론'이 탄력을 받았다. 이른바 바람이 불기 시작했다. 국민의 힘 후보가 대중성을 얻어가기는 홍준표 의원의 당선 이래 처음이라는 당원들이 늘어났다.

바닥 훑기 전략이 효과를 발휘하면서 압도적 표차로 승리했다. 책임당원 63%를 확보할 정도로 본선경쟁력이 있는 후보로 확고한 자리매김을 했다. 컷오프의 역경을 이겨낸 저력이 승리를 견인하는 동력이 되었다. 선거운동 종반전략은 2단계로 구사했다. 선거운동 종반전략 1단계로 5월 4일~18일에는 동대문 갑을 지역의 조직책 100여 명을 중심으로 봉황불 놓기 전략이 먹혀들었다.

14개 동을 중심으로 100여 명 조직책들은 이필승 부활 소식에 환호하였다. 동네마다 놓아두었던 모닥불이 불타올랐다. '쇠를 잘 치는 사람이 장구도 잘 친다'라며 부활하였다는 소식 자체가 힘 있는 후보라는 이미지로 강하게 각인되었다.

힘 있는 후보론이 탄력을 받으면서 장안동과 청량리를 중심으로 바람이 불기 시작하였다. 이제 동대문구는 이필형 대세론이 들불처럼 번지기 시작하였다.

배봉산 둘레길: 배봉산 둘레길은 시간을 갖고 걷다보면 이웃과 그리고 나를 만날 수 있다.

봉화대를 놓아 모닥불을 유지하면서 들불이 번지도록 초심으로 돌아갔다. 동대문구 구석구석을 다시금 열심히 걷기 시작하였다. 주민들은 이필형 후보는 호랑이 등에 탄 형국으로 이제 승천만 남았다고 격려해 주었다.

강물은 흘러야 썩지 않는다는 말처럼 예비경선탈락자들을 받아들였다. 캠프 내부에서는 잡아야 할 사람을 가려가야 한다는 신중론도 있었으나 '가는 사람 잡지 않고 오는 사람은 막지 않는다'라는 '플러스알파 전략'을 구사하였다.

초심을 끝까지 지켰다

언제부턴가 캠프 관계자들도 무엇이든 논의하다가도 내가 결정을 내리면 따라 주었다. 이른바 '플러스알파 전략'을 흔쾌히 받아들였다. 우선 이겨야 했다. '플러스알파 전략'은 무서운 힘을 발휘했다. 비전을 공유하는 통합의 리더십을 보여 주었다.

선거운동 종반전략은 화려한 들불 축제(5.19-5.31)였다. 쉬지 않는 경주마 전략을 구사하면서 들불놓기를 마지막까지 고수하였다. 멈추지 않는 경주마처럼 계속해서 지역을 돌아다녔다. 10만 장 명함 돌리기도 성과를 내었다. 준법 선거를 지키면서 명함도 1:1 돌리기를 고수하였다.

선거운동전략으로 네거티브 방식보다는 포지티브 방식을 효과적으로 구사했다. 길거리에서는 민주당 운동원들조차도 진심으로 격려해주었다. '플러스알파 전략'은 운 좋게도 나를 인간성이 후한 사람으로 만들어주었다.

민주당에서조차도 사람 됨됨이를 긍정적으로 평가해주었다. 민주당 당원들도 나와 최동민 후보의 장단점을 비교하면서 역대 어떤 선거보다도 페어플레이 선거였다고, 선거가 축제가 되었다고 했다. 들불 축제가 되면서 '플러스알파 전략'은 길거리 토론으로 연결되었다. 길거리 토론은 당시 홍준표 의원이 대구 수성 을 무소속 출마 당시 구사했던 '정치 버스킹'을 벤치마킹하였는데 기대 이상의 효과를 거두었다.

국민의힘 동대문구 지방선거 선거대책위원회가 사무실을 중심으로 활동하였으나 일절 관여하지 않았다. 당과 후보의 역할을 분리하여 나의 선거운동 방식을 고수하였다. 길거리 유권자 1:1 직접 접촉은 이제 나의 트레이드마크가 되었다.

가족들도 나의 선거운동 방식을 그대로 따라 주었다. 집사람과 장남 내외, 장녀와 차녀도 장안벚꽃길, 배봉산을 방문했다. 어머니는 경동시장

등 전통시장을 중심으로 명함을 돌리면서 표밭을 다져주었다.

막내딸의 명함 돌리기는 장안벚꽃길의 화제였다. 가족들은 나의 취약 시간대를 메워주면서 유권자들로부터 호평을 들었다.

나의 명함을 4~5장 이상을 받으신 분들이 나타나기 시작하였다. 유권자들은 나를 주목하였다. 어느 곳을 가더라도 이필형 후보가 있다는 말이 나왔다. 장안벚꽃길과 배봉산 집중 전략이 시너지를 내었다.

선거운동에서 후보가 여기저기서 자주 보인다는 말은 선거운동을 정말 잘하고 있다는 격려와 칭찬의 말씀이었다. 초심을 잃지 않고 끝까지 지켰다는 이미지가 확산되었다. 압도적 승리전략이 힘을 발휘하였다. 14개 동의 전 지역 승리로 귀결되었다.

선출직 첫 도전이었다. 누구도 승리를 예상하지 않았다. 본격적인 선거운동 60일 만의 쾌거는 누구도 예측할 수 없었던 기적이었다. 60일간의 여정은 성실한 이미지 쌓기였다. 유권자와 끝까지 호흡하려는 열정의 승리였다. 최고의 전략은 걷기였다. 예비후보 등록 이후 동대문구 관내를 약 500km를 걸었다. 정치 신인으로 지역을 알기 위해 최선의 노력을 다하였다. 차량 이동까지 합산하면 약 3,000km를 다녔다. 정말 초인적 힘을 다한 선거였다.

내 어깨 위에 등불이 있다

홍준표 대구시장,
노무현 전 대통령,
시몬 페레스! 이들이 나의 등불이었다.
나는 그 등불을 바탕으로 걸어왔다.

바람이 일어난다. 살아야겠다

"내 생각이 옳다고 확신할 수 있는 유일한 방법은 다른 사람의 의견을 들어보는 것이다"라는 말을 가슴에 새기고 살아왔다. 누구를 만나느냐가 삶을 결정함을 알았다. 인생은 만남의 연속이었다. 젊은 시절 폴 발레리를 만났다. 폴 발레리 선집의 '해변의 묘지'에서 "바람이 일어난다. 살아야겠다. 일어서라. 시대를 이어 가라!"가 평생 가슴을 뛰게 했다.

아니 내가 넘어질 때마다 나를 지켜준 등불이었다. 국정원의 생활을 이어가게 해주었고, 국정원을 그만두고서도 살아야겠다는 의지를 무언 속에 가르쳐 주었던 말이었다. 그리고 이제 동대문구청장으로 일어섰다. 그렇게 시대를 이어왔다. 고향에 다시 섰다. 폴 발레리의 묘비명이 생각났다.

"내 삶의 쇠사슬을 거슬러 와보니, 내 고향 방파제였다."

결국 고향이었다.

폴 발레리는 내게 힘을 주었다. 말의 힘은 뚜렷했다. 인생의 절벽에 섰을 때 새로운 방향을 주는 힘을 주었다. 넘어질 때마다 내게 새로운 이정표를 주었다. 그러면서 나의 인생을 돌아보며, 지금의 내가 누구인가를 생각했다. 내 삶의 등불은 누구였는가? 동대문구청장을 어떻게 해나갈 것인가? 홍준표 대구시장, 노무현 전 대통령 그리고 시몬 페레스 이스라엘 전 총리가 생각났다. 이분들이 내게 영향을 주었다.

문제에 부딪치면 변방론을 떠올렸다

첫째로 영향을 준 사람은 국정원 시절 우연히 만난 홍준표 검사였다. 국정원을 그만두고 홍준표 경남지사와 해후했고, 제19대 대통령 후보가 되었던 홍준표 후보를 도왔다. 대선 패배 이후 4년 이상을 홍준표 대표를 도왔다. 내 인생 후반부에 가장 가깝게 영향을 받았다.

대선 패배 다음날 홍준표 대표와의 만남은 잊을 수 없다.

"어떻게 하시겠습니까?" 나의 물음에,

"이제 보수가 진정으로 다시 태어나야 한다. 가치의 문제를 재정립해야 한다. 서민에게 기회의 사다리를 복원하고, 자유와 공정의 가치를 정립해야 한다."

사실 홍 대표는 대선 패배를 예상하면서도 나왔다. 탄핵정국의 회오리 속에서 십자가를 졌다.

또 내가 잊을 수 없는 사건은 21대 공천탈락 사건이었다. 홍 대표는 당에 경선 기회만이라도 달라고 간절한 호소를 했으나 당은 홍 대표를 낙천시켰다. 공천탈락 소식을 듣고

"탈락⋯⋯탈락⋯⋯허허 탈락이라!"

홍 대표는 "강한 자가 살아남는 것이 아니라 살아남는 자가 강하다"면서 "양산은 포기한다. 대구다! 새로운 전장은 대구다!"라며 새롭게 일어섰다.

홍 대표는 패배를 맞닥뜨리면 '다시 변방이다!'라는 변방론을 꺼내 들었다. 새로운 변방에서 중심을 향해 일어났다. 변방을 깨고 일어났다. 홍 대표에게 변방은 끊임없는 움직임이었다. 변방에는 중심을 향한 꿈을 잃지 않는 힘이 있었다.

변방론은 내게 많은 영향을 주었다. 나는 힘들고 좌절에 빠졌을 때 변방론을 떠올렸다. 변방론은 내게 새로운 상황을 만들어주는 힘이 있었다. 변방의식은 나에게 새로운 성찰의 공간을 만들어주었다. 상황에 갇힌 나의 고정관념의 틀을 깨주었다.

홍 대표는 위기 때마다 통찰력과 직관력을 보여주었다. 그 힘이 어디서 올까?를 생각했다. 홍 대표는 위기 상황이 닥치면 끊임없이 물었다. 문제가 생기면 그 문제에 대한 답이 나올 때까지 머물러 서서 기다렸다. 답이 나올 때까지 기다렸다. 버틸 수 있을 때까지 버텼다. 그런 태도들이 나를 이끌어 주고 있었다.

시대는 한번도 나를 비켜가지 않았다

두 번째로 내가 사표로 삼은 사람은 노무현 전 대통령이었다. 그분과 함께 일했던 청와대 시절은 행운이었다. 우여곡절 끝에 청와대에 입성했다. 당시에도 "나는 우파다"를 입에 달고 다닐 정도로 보수의 가치를 신봉했다. 나는 헌법전문의 '자유, 안전, 행복'을 외고 다녔다.

청와대 시절 이라크 파병 대토론회, 위도 방폐장 문제, 천성산 터널 문제를 다루면서 노무현이라는 인물을 가깝게 보았으나 당시에는 노무현 대통령을 인정하지 않았다. 당시 노무현 대통령은 저녁이면 측근 행정관들과 와인 토론회를 했다. 젊은 행정관들과 토론을 하다 술이 거나해지면 코드론에 이어 "내가 대통령 맞나?"를 격하게 토로했다고 했다.

"내가 대통령 맞나?"는 한참 뒤에야 언론에 알려졌다. 그러나 당시 나에게는 커다란 충격이었다. 어떻게 지도자가 부하에게 그런 말을 할 수 있나? 노무현 대통령은 인간적 모습보다는 준비되지 않은 지도자로 비춰졌다. 사실 청와대 내내 노무현 대통령을 불신하면서 보냈다. 그러다 책을 통해 노무현 대통령을 다시 알게 되었다.

<진보의 미래>라는 책이었다. '진보의 미래는 국민이 생각하는 것만큼 갑니다.' 끝머리에 소파에서 이불을 덮고 자는 모습이 이웃 형의 모습이었다. 그렇다. 끌림이었다.

다시 첫 장을, 첫 페이지부터 봤다. 허허롭게 허공을 빈 웃음을 지으면서 바라보고 있었다.

"스스로 무언가 하지 않고는 버티기가 어려워서 하는 일이다."

무엇인가 뜨거운 게 올라왔다. 단숨에 읽어버렸다. 그리고 <여보 나 좀 도와줘>를 읽었다.

<성공과 좌절>은 노무현 대통령 미완의 회고록이었다. '살기 위한 몸부림', '시대는 한 번도 나를 비켜 가지 않았다'라면서

"그래서 저는 기회주의와 불신의 문제를 끊임없이 제기하고 집착하는 것입니다. 그것이 사람 사는 세상을 만드는 데 본질적 과제입니다."

이번 동대문구청장 선거를 하면서 다시 깨달았다. 대통령 노무현은 "결국 시민의 생각이 가장 중요합니다. 시민의 생각이 역사가 됩니다." 나는 어느 순간 노무현 대통령을 따라 하고 있었다.

나는 선거운동 과정에서 나의 철학은 주민의 목소리라고 외치며 다녔다. '보수든 진보든 먹고사는 이야기다.' 나는 선거 과정에서 보수와 진보의 이념보다는 성숙한 민주주의를 말했다. 사람 사는 동대문을 이야기했다.

현장: 나의 철학은 주민의 목소리다.

그러다 노무현 마지막 인터뷰의 "저는 이미 헤어날 수 없는 수렁에 빠졌습니다. 여러분은 이 수렁에 빠져서는 안 됩니다. 여러분은 저를 버리셔야 합니다."를 읽으면서 내가 노무현을 잘못 읽었다고 생각했다. 그에 대한 그동안의 내 생각이 틀렸음을 깨달았다.

그날 이후 노무현을 연구했다.

"정치 권력은 만능이 아닙니다. 대통령 자리는 최고 정점이 아닙니다. 진짜 권력은 따로 있습니다. 그것은 시민 권력입니다. 각성하는 시민들이 만들어 가는 시민 권력, 나는 이제부터 그 시민들 속으로 들어가려 합니다."

그렇게 노무현은 한국정치의 패러다임을 바꾸었다. 진정한 민주주의의 시대를 열었다. 정치를 국민에게 돌려줬다. 민주주의는 사람임을 깨닫게 해주었다. 나는 어떻게 하면 노무현처럼 살 수 있을까?를 물었다. 그는 "좋은 비전은 역사의 법칙 속에 서 있어야 한다"라면서 조급주의를 버리라고 했다.

"흙탕물에 들어갈 용기가 있습니까?"

정치현장에 설 때마다 되뇌었다. '사람 사는 세상'을 향한 역사 이어달리기를 기억했다. '말이 정치의 수단'이라고 했다.

"상처를 받더라도 절대 포기하지 말고, 분노하더라도 절대 증오하지 않으며, 대의를 향하여 전진하세요!"

이라크 파병을 잘못된 선택이라고 하면서도 불가피했다는 그의 말이 내게 힘을 주고 있었다. 그처럼 '아니오'를 말하고, '아니오'를 들을 줄 알아야겠다고 다짐했다.

좋든 싫든 적들을 만나라

세 번째로 내가 만난 인물은 시몬 페레스 이스라엘 전 총리였다. 국정원 시절 엔테베 작전을 분석하면서 그를 만났다. 이스라엘은 정보기관의 모델이었다. 그 중심에 시몬 페레스가 있었다.

엔테베 작전은 시몬 페레스의 끈질긴 집념이 만들어낸 신화였다. 테러범들에게 잡힌 인질들을 구하기 위해 시몬 페레스라는 사람이 길이 없는 곳에서 길을 만들어낸 역사였다. 상상할 수도 없는 상황 속에서 미래를 어제와 다르게 보는 과감한 시각을 갖고 현실을 이겨 냈다.

페레스는 늘 불가능한 꿈을 꾸었다. 그리고 불가능한 꿈을 가능하게 만들었다. 더 나은 내일을 다 같이 만들어 낼 방법을 생각했다. 절대 포기하지 않고 항상 미래를 보았다. 꿈꾸는 것을 멈추지 않았다. 시선을 바꿀 줄 알았다.

"더 나은 세상은 언제나 가능하다. 좋든 싫든 적들을 만나라."

특히 이스라엘 정보기관은 전문가를 쓰고, 또다시 전문가를 쓰고, 마지막으로 전문가를 썼다. 내가 일하는 방식에 좋은 영향을 주었다. 나도 특별한 사안은 전문가에게 모든 것을 묻고 판단했다. 페레스의 방식은 "사람은 믿음의 힘으로 어떤 장애물도 극복할 수 있다. 내일의 기회를 위해 오늘의 위험을 감수한다. 성공하려면 실패도 감수해야 한다."

그는 기억의 반대말은 상상이라고 했다. 왜냐면 기억은 이미 걸어온 길을 되돌아 가보는 것이나, 상상은 아직 안 가본 길을 미리 가보는 것이다. 더 나은 미래를 만들 줄 알았던 페레스의 희망을 늘 가슴 속에 담아두고 있다.

스승은 배움을 넘겨주는 분들이었다. 배움은 사물을 바로 보는 감각을 심어주는 것이었다. 어려운 일을 만날 때마다 스승의 한마디 말이 길을 열어주었다. 스승의 교훈은 나를 인도해주었다. 스승에게 배우는 것은 지식만은 아니었다. 스승의 발자취를 통해 세상을 보고, 듣고, 깨닫고, 세상을 바라보는 시각과 철학과 방향을 새롭게 하는 것이었다.

홍준표, 노무현, 시몬 페레스! 나의 스승이자 등불이었다. 이분들이 나의 길을 밝혀 주었다. 모든 사람에게는 걸어온 자기 길이 있었다. 나는 이분들이 걸어온 길을 내 어깨 위에 놓았다. 그리고 그 등불을 바탕으로 걸어왔다.

자전거
국토종주 이야기

일찍 도착하려고 서두르지 말자.
도착하는 순간 모든 것이 끝난다.
과정을 즐기자.

자전거 새로운 경험이었다

자전거에 대한 기억은 초등학교 5학년이었다. 그날 이후 내게 자전거는 없었다. 어느날 K형이 물었다.

"자전거를 타세요?"

"초등학교 시절 탔어요! 근데 왜요?"

"자전거 국토종주가 있어요! 백두대간 해보셨지요?"

그것이 계기였다. 다시 자전거를 시작하였다.

첫날 80km를 달렸다. 동대문에서 행주산성을 돌아오는 코스였다. 첫날 자전거는 경이로웠다. 내가 어린 시절 탔던 자전거와는 달랐다. 무엇보다 기어가 생소했다. 나의 자전거는 페달만 밟으면 되었으나 오늘 나의 자전거는 기어를 변속해야 했다.

충격은 컸다. 자전거를 타는 내내 혼이 나갔다. 그러다 페달 자체를 밟을 수가 없었다. 발이 움직여지지 않았다. 새로운 경험이었다.

그런데 웬 아주머니가 따릉이를 몰고 지나갔다. 아무리 페달을 밟아도 따릉이를 쫓아갈 수가 없었다. 따릉이는 나를 뒤로하고 유유히 사라져갔다. 나는 거의 제자리를 맴도는 모습이었다. 나는 다른 세상에 와 있는 느낌이었다.

그렇게 나의 자전거는 시작되었다. 그리고 국토종주로 이어졌다. 나는 부산의 낙동강 하구부터 인천의 정서진까지 자전거 국토종주를 하였다. 자전거 국토종주는 인천의 정서진부터 낙동강 하굿둑 까지 총 633km였다.

페달만 생각했다

첫째 날은 낙동강 하굿둑부터 시작되었다. 가도 가도 낙동강이었다. 낙동강이 영남의 젖줄인 사실은 알았으나 이렇게 끈질긴 강일 줄은 몰랐다. 강변을 따라 꽃의 향연이 펼쳐지고 있었다. 땅에는 코스모스, 들국화, 수국, 맨드라미, 배롱나무, 쑥부쟁이가 피고, 하늘은 파란 물감을 쏟아부은 듯하고, 공기는 청량했다. 그리고 햇빛은 따사롭다.

나도 모르게 자전거 페달을 힘차게, 힘차게 밟았다. 주변의 풍경이 필름처럼 돌아갔다. 풀 내음이 싱그럽다. 강물 위로 물결이 보석처럼 반짝였다. 마치 누군가 쫓아오는 것처럼 페달을 밟았다. 그동안 자나 깨나 동대문이었다. 앉으나 서나 동대문의 발전이었다. 이제나저제나 동대문의 미래였다. 페달을 밟다 보면 모든 생각이 멀어져 갔다. 생각 자체도 없어졌다.

페달을 밟는다는 생각만 했다. 그렇게 달리다 보면 허벅지가 뻐근해져 왔다. 바람 속에서는 소금기 있는 땀 냄새가 송글송글 올라왔다. 그렇게 가다 보면 석양이 어우러져 있었다.

석양을 보고 자전거를 세웠다. 아침부터 달려온 나 자신이 대견스러웠다. 나의 하루를 위로받는 기분이 들었다. 마치 네팔의 히말라야를 보는 것처럼 말없이 묵묵히 한참을 머물렀다.

마법의 시간이었다. 짧은 순간 아니, 찰나에 가까웠으나 감동의 여운은 깊이 각인되었다. 노을이 물드는 시간은 늘 그리움처럼 다가왔다. 그렇게

종주길: 자전거는 페달을 멈추어야 섰다. 길이 다할 때까지 끊임없이 페달을 저었다.

첫날은 달성보 인근에서 잠들었다.

둘째 날은 칠곡보, 구미보, 낙단보를 넘어 상주보를 보았다. 물가에는 수련이 피어있었다. 수련은 물 위로 떠 있었다. 그리고 작고 단정하였다. 저녁이라 그런지 잠들어 있었다. 수련만 보면 지키기 힘든 나의 마음을 보는 것만 같아 안쓰러웠다.

강을 따라 산과 계곡이 이어졌다. 누군가 '하나의 근원으로부터 만 갈래로 갈라지는 것이 산이고, 만 갈래가 하나로 합쳐지는 것이 강'이라고 했다. 산과 물이 강으로 합쳐져 가고 있었다.

안동보로 가는 길이 보였다. 안동의 청량산을 거처로 살았던 퇴계 이황이 생각났다. 퇴계는 자손들에게 "행동은 조심, 그리고 조심하라. 알지 못하는 것을 안다고 하지 마라. 말도 많이 하지 마라. 어지러울 때는 부디 침묵하라."라면서 정직하라고 일갈했다. 영남의 퇴계는 아직도 살아 있는 듯했다. 자전거 국토종주는 서행 정서진부터 낙동강 하굿둑 까지 총 633km였다.

이화령고개: 새로운 경계를 넘었다

셋째 날은 상주보를 지나 이화령을 넘어, 충주, 수안보를 지나 앙성에 다다랐다. 이화령고개는 자전거를 타는 사람들에게는 또 다른 한계를 넘는 고개였다.

자전거를 타면서 첫날 박진고개를 넘었다. 박진고개도 자전거 페달 밟기가 극한의 고통이었다. 고개를 오르다 보면 페달링이 안 되는 순간이 왔다. 페달링이 안 되면 자전거는 멈추어 버렸다.

페달링이 안 된다. 이 말은 단순하다. 그러나 그 말에 담긴 진정한 뜻은 어느 의미에서 탈진을 의미한다. 더는 움직일 수 없는 순간을 말한다. 페달링이 안 되면 어쩔 수 없이 자전거를 밀고 올라간다. 박진고개에서는 자전거를 밀고 올라갈 수밖에 없었다.

그러나 이화령고개에서는 훌륭한 선생님의 도움을 받았다. 호흡을 가다듬었다. 자전거 기어의 효용성이 이렇게 큰 줄을 미처 몰랐다. 기어를 1단으로 최대한 내렸다. 그리고 페달링을 시작하였다.

새재 자전거 길은 남한강 길과 낙동강 길을 연결하는 100km 구간이다. 새재 길은 이름처럼 '문경새재'를 넘어간다. 문경새재의 이화령(548m)을 지난다. 국토종주길의 가장 어려운 코스로 5km에 이른다.

페달링이 답이었다. 그러나 안장 통이 왔다. 자전거에 앉으면 누구나 오는데, 나도 안장 통이 왔다. 통증은 극심했다. 엉덩이를 들어도, 내려도, 틀어도 왔다. 가끔 엉덩이를 들면 통증이 가셨으나 자전거가 멈추는 위기를 맞았다. 또 엉덩이를 들면 페달링의 힘에 부쳤다.

5km를 오르면서 사면초가의 상황을 몇 번이나 겪었다. 오도 가도 못하겠다. 멈추어 서버릴 것만 같은 극심한 고통의 순간도 몇 번은 되었다. 그리고 넓적다리가 마비될 것만 같은 순간도 왔다. 그나마 호흡은 시시각각 힘이 빠져나갔다. 몸이 멈추어버릴 것만 같았다. 기진맥진을 넘어 텅 비어버렸다. 물에 빠져 허우적대다 가라앉는 느낌이었다. 들숨날숨은 고르게 쉬어졌다. 다행이었다.

땅만 보고 페달링을 했다. 자전거가 지그재그로 제멋대로 다녔다. 다행히 차가 적었다. 어쩌다 한 대씩 지나쳤다. 어느 순간 자전거에 모든 것을 맡기자는 생각이 들었다. 자전거에 나를 맡겨버렸다. 그랬더니 놀라운 일이 벌어졌다.

페달링이 쉬워졌다. 자전거에 힘이 들어가고 속도가 올랐다. 물론 어쩔 수 없이 5km 구간 중 두 번을 쉬었다. 쉴 때의 기분은 하늘을 나는 기분이었다. 고수인 K형은

"일찍 도착하려고 서두르지 말자. 도착하는 순간 모든 것이 끝난다. 과정을 즐기자."

정말 이화령 정상(548m)에 도착하자 모든 것은 정상으로 돌아왔다.

서두르지 말자

넷째 날은 충주 앙성부터 시작되었다. 비내섬과 강천보, 여주보, 이포보, 능내역 그리고 출발지인 신설동에 도착하였다. 서해갑문은 사전 종주를 마쳐서 서울구간에서 멈추었다.

마지막 날 자전거는 바람을 느꼈다. 바람을 맞으면서 내가 살아 있음을 맛봤다. 넘어지지 않기 위해, 멈추지 않기 위해, 내 온 힘을 다해 달렸다. 달리는 동안 나는 나를 바람에 맡겼다. 바람과 함께 일어섰다.

팔당 댐을 넘어섰다. 그때부터 뚝섬에 도착할 때까지 눈 앞에 펼쳐진 도시 서울의 실루엣과 석양은 잊을 수가 없었다. 달리는 순간마다 아름다움이 펼쳐졌다. 해 질 무렵 한강의 풍경은 상상 이상이었다. 한강의 석양

은 웅장했다. 건물도, 산도, 한강도 아름다운 장관을 만들어냈다.

석양은 삶을 하나의 무늬로 만들었다. 노을에 비추어진 나는 전과 달라져 있었다. 이화령을 넘은 기억이 나에게 새겨졌다. 그동안 마음에 담았던 애증이 내려갔다. 마음속에 풀리지 않던 숙제들이 풀어졌다.

자전거 국토 종주 거점 및 노선표시

국토종주길: 국토종주의 이정표다. 경계를 넘을 때마다 새로운 이정표가 길목처럼 나왔다.

이화령 고갯길: 5km를 페달로 저었다. 가도가도 고갯길이었다. 죽는 줄 알았다. 그리고 자전거를 새롭게 알았다.

"그렇지 이화령도 그 고통 속에 넘었는데 무엇을 못 할까? 문제 그 자체를 받아들이자. 당장 풀려고 하지 말자. 문제들과 함께 살면서 기다리자. 시간이 내게 답을 줄 것이다. 일찍 풀려고 서두르지 말자."

이렇게 답을 얻었다.

이번 국토종주는 동대문 구청장으로서 동대문을 어떻게 할까? 고민하는 과정에 답을 찾기 위해 떠난 것이었다. 아니 나를 시험해보고 싶었다. 국토종주를 4일 만에 완주하면 4년간의 나의 직무를 완주할 수 있을 것이라는 소망을 담고...

이런 소망을 담아 자전거 국토종주를 하였다. 자전거를 타면서 가로질러갔던 수많은 풍경이 주마등처럼 흘렀다. 자전거는 풀밭과 나무들, 꽃들, 강물 사이를 흘렀다. 산과 강과 들판이 나를 불렀다. 여행을 떠나면 나는 나의 속박에서 한 꺼풀씩 벗어날 수 있었다. 그렇게 나는 살아 있었다.

어떻게 좋은 동대문을 만들까?

가슴속이 벅차올랐다.
나는 외치고 싶었다.
몸의 불씨가 살아났다.
다시 일어날 힘이 생겼다.

동대문구를 어떻게 할까?

동대문구청장에 당선되고 처음 3일은 날아갈 것만 같았다. 두려움도 없었고, 나를 가로막을 장벽도 없어 보였다. 나는 거칠 것이 없었다. 사람은 자기 마음을 통해 세상을 바라본다고 했다. 세상이 나를 위해 존재하는 것처럼 보였다. 어디를 가도 내가 주인공이었다. 나는 세상을 얻은 것처럼 우쭐댔다.

그러나 세상은 때로 다른 이야기가 담긴 풍경을 보여주었다. 우리를 둘러싼 세상은 이야기로 가득 차 있었으나, 나의 세상을 얻은 이야기가 아닌 또 다른 세상이 있음을 알려주었다. '나는 동대문을 어떻게 할까?'라는 질문에 스스로 놀라고 있었다.

동대문구 민선 8기: 구청장 업무가 직원들과 함께 시작되었다. 뒷면의 새처럼 날고 싶었다.

그러다 그리스 신화의 이카로스가 생각났다. 이카로스는 감옥 탈출을 위해 새의 깃털과 밀랍을 굳혀 날개를 만들었다. 이카로스는 이 날개로 탈옥을 했다. 그러나 이카로스는 하늘을 나는 맛에 취해 태양에 너무 가까이 가지 말라는 경고를 무시하고 더 높이 올라갔다. 밀랍이 녹아 추락했다. 인간의 끝없는 욕망은 무너진다는 교훈을 담은 이야기였다.

내가 이카로스와 같다는 생각이 들었다. 모조리 녹아버려 추락할 것만 같았다. 몸과 마음이 무너져 내려갔다. 구민들 말씀이 생각났다. "성동구만큼만 해라." 무작정 성동구를 갔다. 왕십리역 앞에 섰다. 무수한 행인들이 자기 길을 가고 있었다.

'성동구만큼만 하라'는 구민들의 말씀이 맴돌았다. '성동구만큼만 해라.' 문득 '아니다, 동대문은 동대문 방식으로 일어서야 한다'라는 생각이

봉황산 백두대간: 백두대간 걷기를 생각하면 지금도 가슴이 뛴다. 나는 그때 두려움을 이기는 법을 배웠다.

들었다. 성동구 따라 하기는 아류라는 생각이 스쳤다.

다시 발길을 돌려 걸었다. 마장동을 지나 동대문구청사에 들어섰다. 그렇다. 동대문은 동대문 방식으로 일어서야 한다는 뜨거운 자신감이 솟아올랐다. 깨달음에 도달한 수도승처럼 무엇인가 환해졌다. 한순간이었다. 내 생각 속을 무엇인가 스쳐 지나갔다.

오직 동대문의 발전만 생각했다. 어디를 봐도 암흑이었지만, 마음을 내려놓았다. 동대문이 답이었고, 동대문을 통해 동대문의 미래를 바라볼 수 있었다. 가슴속이 벅차올랐다. 나는 외치고 싶었다.

예전에 백두대간을 걷다 눈앞이 막막해졌던 경험이 있다. 힘을 다 써버렸다. 그만 자리에 무너지듯 쓰러졌다. 움직일 수가 없었다. 푸른 하늘만 바라보았다. 그러다 그만 울어버렸다. 한참을 울다 보니 가슴 속으로 파도가 지나간 것만 같았다. 몸의 불씨가 살아났고, 다시 일어날 힘이 생겼다. 그렇게 다시 걷기 시작했다. 혼자 여행을 가면 자신을 바라볼 수 있었다. 나 자신과 함께 시간을 보내다 보니, 나도 몰랐던 새로운 것들이 모습을 드러냈다. 두려움에 맞서 두려움을 떨쳐버리고, 새로운 목표가 세워지고, 새로운 길을 걷게 되었다. 그리고 삶의 여정을 꿋꿋하게 지켜나갔다.

그렇게 동대문을 다시 걸었다. 동대문 구석구석을 걸으면서 청량리와 경동시장, 청량리시장, 전농동 시립도서관 부지, 장안동 물류 센터 부지 그리고 장안동 구민회관 건물부지를 보면서 동대문에 답이 있음을 확신했다.

동대문구가 인구 고밀도 지역임을 새롭게 인식했다. 청량리역 일대 광역환승센터 조성, 청량리광장 만들기와 영화의 거리를 통한 문화적 콘텐츠로 청년과 여성이 찾는 도시공간을 디자인하겠다는 그랜드 플랜이 머리를 가득 채웠다.

그리고 동대문구청장 취임사를 써 내려갔다.

쾌적하게, 안전하게, 투명하게

"존경하는 34만 동대문 구민 여러분! 안녕하십니까? 고맙습니다.

저는 오늘 동대문이 처한 현실 앞에 겸허한 마음으로 이 자리에 섰습니다. 지금 우리는 새로운 도전에 직면해 있습니다.

지금부터 우리의 4년이, 지난 12년을 극복해야 합니다. 그래서 우리는 이 자리에 모였습니다. 이제 우리가 동대문을 변화시켜야 할 때입니다.

변화란 무엇입니까? 다른 것이고 새로운 것입니다. 저는 그동안 우리 주민들의 변화에 대한 기대와 열정을 보았습니다. 주민들께서 한결같이 '동대문을 바꿔라. 그래 동대문을 바꿔. 그리고 동대문을 제대로 바꿔라'하였습니다.

구민들께서 새로운 동대문을 요구하고 있습니다. 동대문구의 변화를 위해 주민 여러분과 약속했던 일들을 서두르지 않고 차근차근 추진하겠습니다. 동대문구를 '서울의 새로운 미래 도시'의 모델로 만들겠습니다.

제가 선거운동을 하면서 깨달은 사실이 있습니다. 골목길을 걸을 때, 상점을 방문할 때, 장안벚꽃길을 걸을 때 주민 여러분들께서 응원과 당부의 말씀을 주셨습니다. 그리고 구정 운영 방향을 알려주셨습니다.

돌이켜 보니 주민 여러분의 생각과 뜻대로 가면 답이 있었습니다. 그때 저는 동대문의 현주소와 미래를 볼 수 있었습니다. 그렇게 해서 구정 운영방침을 "쾌적하게, 안전하게, 투명하게"로 집약할 수 있었습니다. 그리고 구청장에 당선될 수 있었습니다. 그런데 당선된 이후 날아갈 것만 같았던 자신감이 사라져 갔습니다. 어느새 무거운 책임감이 어깨를 더욱 무겁게 눌렀습니다.

그러던 어느 날 지인이 "안동에서 KTX를 타고 서울을 오는데 왜 청량리에서 내려야 하지! 왜 서울역으로 연결이 안 되지!" 하는 푸념을 들은 적이 있습니다.

다시 한번 동대문을 어떻게 할까? 에 대한 깊은 고민에 빠져버렸습니다. 우리 청량리가 아니 동대문이 왜 이렇게 되었을까? 무엇이 문제일까?를 수없이 되물었습니다. 그러면서 깨달았습니다. 청량리가 동대문구 사활의 핵심 키였습니다.

동대문구는 땅이 작고, 주민의 밀도가 높은 도시임을 새롭게 깨달았습니다. 그렇다면 홍콩, 싱가포르, 맨해튼과 같은 인구 밀집 도시를 벤치마킹하겠습니다.

청량리역을 비롯해 청량리 로터리 일대를 통개발하겠습니다. 22세기를 가늠할 수 있는 징검다리 도시를 만들겠습니다. 청량리 신도시는 미래첨단 도시의 핵심도시로 발전시켜 나가겠습니다.

그리고 21세기를 넘어서는 미래 신도시의 콘텐츠로 채우겠습니다. 21세기 도시를 넘어서는 하드웨어로 채우겠습니다. 여기에 교육과 의료, 문화를 담는 소프트웨어를 채우겠습니다. 저의 꿈은 젊은이들이 청량리를 찾게 하는 것입니다. 이들이 볼거리,

민선8기 취임식 선서: 꿈같은 자리였다. 동대문을 열어야겠다. 동대문을 바꿔야겠다.

먹을거리, 입을 거리, 즐길 거리를 찾을 수 있는 '서울 동북권의 중심 도시'로 만들겠습니다.

주민들이 청량리에서 사람을 만나고 경동시장과 청량리시장을 찾아, 장을 보고, 그리고 집으로 가는 도시공간을 만들도록 하겠습니다. 이를 위해 환경이 쾌적한 도시를 만들겠습니다. 삶이 안전한 터전을 만들겠습니다. 구정이 투명한 행정을 하겠습니다. 구민과 항상 소통하겠습니다. '동대문을 열어라, 동대문을 바꿔라'는 명령을 마음속 깊이 간직하겠습니다. 저에게는, 이제 동대문만 있습니다. 동대문의 발전을 위해서라면 누구와도 적극 협력하겠습니다.

2022년 7월 1일 동대문 구청장 이필형

막막했던 길이 보였다. 가야 할 곳을 알았다. 바람 같은 이야기가 내게 왔다. 동대문이 내게 더없이 소중해졌다. 한 자리에 머물러 있는 것은 아무엇도 없었다. 모든 것은 움직였다. 동대문도 이제 내일을 바라보면서 움직일 수 있었다.

동대문의 미래를 상상할 수 있었다. '동대문이 지금 어디에 서 있는가?'를 볼 수 있었다. 이제부터 '살고 싶은 동대문'을 어떻게 만들 것인가? 가 답이었다.

첫째로 통합의 행정이다. 사회통합의 정치가 답이다. 통합의 행정은 주민 간 화합과 상호신뢰를 가능하게 한다. 주민과의 소통은 다양한 생각과 가치를 존중해준다.

둘째로 갈등관리다. 정치는 갈등의 현장이다. 갈등관리의 근본은 신뢰다. 구청이 신뢰를 잃으면 모든 것을 잃는다. 기득권의 특권 제거와 부패 척결, 혁신이 동대문의 성장과 발전을 가져올 것이다.

셋째로 구정의 효율성이다. 투명한 인사로 공무원이 스스로 일할 수 있는 분위기를 조성해주고, 주민 목소리에 귀를 기울이고, 주민의 필요를 채워주는 것이다. 갈등을 해결해 구정의 안정성을 찾아갈 때 동대문구는 좋은 구청이 될 것이다.

나의 당당함이
동대문의 당당함이다

나의 일거수일투족을
주민들이 주시했다.
주민들 앞에서 진솔하고
거짓이 없어야 했다.

사람이 품격을 잃으면 비겁해진다

세상은 저절로 좋아지지 않는다. 세상은 노력해야 변할 수 있다.

주민들은 내가 당선되자 많은 주문을 했다. 무엇보다 격식을 갖추라고
했다. 구청장으로서 품격을 갖추라고 했다. 공자의 말씀이 생각났다. 인
과 의보다 예를 갖춤이 인간의 본연의 품격이라고 했다. 예는 정말로 어
려운 덕목이었다. 가까울수록 예는 멀기만 했다.

나는 경기도 여주군 작은 촌락에서 자랐다. 할아버지와 일하는 밭에서
감자를 심고, 고구마를 캐면서 서민의 예를 배웠다. 내가 경험한 예는 날
것 그대로였다. 내 영혼은 격식과 예의보다 자유로운 영혼에 가까웠다.

현장방문: 주민들은 내게 '천천히 서두르라'고했다.

농촌의 예는 "밤새 안녕하셨습니까? 식사하셨습니까?"가 전부였다. 물론 모든 예절은 여기서부터 시작됐다. 밥상머리의 교육을 받았으나 품격 있는 예의와는 거리가 멀었다.

주민들은 구청장으로서의 품격을 요구했다. 구청장의 품격이 동대문구의 수준을 보여준다고 했다. 품격의 기본은 정장이었다. 정장은 스스로의 존엄을 나타내준다면서 정장을 입으라고 권유받았다.

검소함도 좋으나 옷 하나를 입어도 제대로 입으라고 주문했다. 개인적 취향보다 자리에 따라 자신의 품격을 갖추라고 했다. 품격은 사람을 나타내주고, 동대문의 문화를 보여주는 기준이라고 했다. 사실 품격의 대명사는 미얀마의 아웅산 수치였다. 아웅산 수치의 품격은 남달랐다. 그녀를 보면 오랜 세월 감금을 당해서 그런지 강한 내공을 느꼈었다. 미얀마라는 국가보다 아웅신 수치는 한 차원 달랐다. 아웅산 수치와 박근혜 대통령의 악수 사진을 본 적이 있었다. 아웅산 수치는 눈으로 소통했다. 매우 인상적인 시선이었다. 시선이 당당했다. 태도도 당당했다. 어디에선가 나오는 강렬한 힘이 있었다. 자신을 이긴 자의 태도에서 뿜어져 나오는 품격이 인상적이었다. 나에게 품격은 아웅산 수치의 태도와 같았다.

　또한 주민들은 내게 시선 처리의 문제를 이야기했다. 악수할 때 손을 보는 게 아니라 상대방의 눈을 보라고 권유했다. 그러나 구청장의 악수는 일종의 소나기였다. 일일이 챙기기는 너무 힘들었다. 그럴 때마다 주민들은 내게 "서두르지 마라. 천천히 서두르라!"라고 조언해 주었다.

　추모에도 품격이 있음을 알려주었다. 미국 군인들의 의례를 본받으라고 했다. 묘지참배는 묘지를 순찰하는 형식보다는 망자와의 소통이라며, 최대한 자세를 낮추고 망자와 깊은 대화를 나누는 모습이라고 했다.

　사실 상갓집을 가도 몸을 어떻게 해야할지 머뭇거리는 난데, 구청장으로서 예의범절은 참으로 어려운 문제로 다가왔다. 주민들은 이제부터 이필형은 동대문구청장이다, 이필형의 당당함이 동대문의 당당함이라고 격려해주었다.

　무엇보다 매너의 가치를 소중히 여기라고 했다. 넥타이조차도 사적 영역이 아니라 철저하게 공적인 메시지라고 했다. 자신의 주장을 강하게 표하고 싶다면 붉은색, 상대를 높일 때는 파란색를 택하는 것이 통상적 메시지라고 했다. 품격을 잃으면 사람은 비겁해지고 뻔뻔해진다고 했다. 주민들로부터 많은 주문을 받고 '어떻게 처신을 해야 할까?'를 고민했다. 우선 공식석상에서의 제스처, 매너와 태도들을 공부했다.

명함도 품격이 있다

　정중함은 어디에서 나올까? 윤리의식이었다. 윤리에 대한 깨달음이었다. 구청장은 구청장으로서 지켜야 할 행동과 태도가 있었다. 끊임없는 연습이 필요했다.

　나의 태도는 내 영혼으로부터 나오는 것이었다. 내가 진정으로 정중한 사람이라면 나의 가슴속에 새겨진 태도에서 나오며, 내 영혼 깊이 새겨진 진실함이 행동으로 나오는 것이었다. 그것이 나의 태도를 결정해주었다.

　정치적 제스처는 일종의 규칙이었다. 정해진 절차와 방식을 따르는 공적 의례였다. 모든 행사는 공적 영역에서 행해졌다. 그래서 규칙을 지키고, 공정성을 확보해야 했다. 공적 영역에서 행해지는 구청장의 제스처에 예의가 있어야 함을 알았다.

　나의 일거수일투족을 주민들이 주시했다. 주민들 앞에서 진솔하고 거짓이 없어야 했다. 구청장은 '구민과 만남의 장'을 통해 소통했다. 주민은

주민소통회: 소통회는 현장에서 새롭게 만나는 진정한 목소리를 듣게 해주었다.

정치적 의례에 참여하는 주인이었다.

　사실 그동안 주민에게 많은 메시지를 전했다. 주민들에게 소홀하지는 않았는가를 되돌아봤다. 정치적 공간은 형식과 의례가 필수였다. 지금 여기라는 진정성 있는 태도와 자세가 중요하였다. 주민의 아픔에 공감할 줄 아는 구청장이었는가를 생각하면서 부끄러웠다.

　한번은 주민께 명함을 드렸다. 대뜸 "이 명함 너무 반질반질합니다. 친환경적이지 않습니다. 명함에 무엇을 써넣을 수가 없네요!" 얼굴이 화끈거렸다. 지극히 사소해 보이는 명함 한 장의 이야기가 부끄러웠다. 나는 명함에 대한 예의가 없다는 사실을 깨달았다.

　그 후 유심히 주고받은 명함을 살펴보았다. 명함도 품격이 있었다. 명함의 종이도 각양각색이었다. 명함도 디자인에 따라 사람의 품격이 있었다. 디자인은 간결할 것이 보기에도 좋았다.

　언제인가 명함을 주섬주섬 담았다. 구민께서
　"상대의 명함에 관심을 가져주셔야지요?"
　나는 명함에 대한 예의를 못 차렸다. 의례적 만남이 아니라 서로에게 관심을 가져야 했다. 그 이후 명함을 이리저리 살폈고, 꼭 챙겨 넣었다. 나는 의례적 예의는 어느 정도 차릴 수 있었다. 주민들에게 훈련된 나를 보일 수 있었다. 그러나 진심 아니 영혼 깊은 곳에 각인된 예의는 아직도 갈 길이 멀어 보였다.

경동시장: 시장은 살아 움직이고 있었다. 상인들은 아침밥을 먹으면서 시장의 내일을 걱정했다.

파울 루벤스가 1617년 이탈리아에서 그린 '한복 입은 남자'를 인상 깊게 봤다. 소설도 나왔고, 미국 LA 미술관에서도 전시되었다. 루벤스는 한복 도포 자락 같은 옷을 입은 조선사람 그림을 그렸다.

1617년 이탈리아였다. 조선 남자의 입은 다소곳이 다물어져 있었다. 양팔은 도포 자락 밑에서 마주 잡았다. 왠지 모를 당당함이 묻어났다. 타국 땅 이탈리아에서 조선의 옷을 고집했다는 사실이 감동적이었다.

품격은 세상을 바라보는 잣대다

고집스러운 조선의 예의범절을 보았다. 조선 선비의 품격을 보았다. 조선인임을, 그리고 자신의 옷으로 루벤스를 감동시켰다. 사람의 품격은 보이지 않는 곳에서 나왔다. 자신이 감출 수 없는 하늘의 영역이었다. 역설적으로 나의 가장 아픈 곳이었다.

해외 유학을 다녀온 친구와 저녁을 한 적이 있었다. 디저트가 나왔다. 하필 초콜릿이었다. 단 음식을 태생적으로 싫어해 건성건성 먹었다. 친구가 한마디 거들었다.

디저트는 매너다. 디저트는 서양문화의 독특함이다. 우리의 숭늉문화와는 다르다. 숭늉은 입가심이다. 서양의 디저트는 '대화와 소통의 문화다'라는 말이 설득력 있게 다가왔다. 구청장이 되다 보니 리셉션 장소에도 가고, 각종 회의도 가야 했다. 늘 어색한 공간이었다. 그러면서 동대문 구청장의 자리와 위치를 깨달아 갔다. 어느 공간이나 네트워크였다. 우물쭈물 공간과 자리를 채우는 것이 아니었다. 꾸어다 놓은 보릿자루 신세가 되면 안 되었다.

구청장은 대외적으로는 비지니스맨이고, 구민들에게는 봉사자이다. 어디서든 구청장의 자리와 위치가 있었다. 비즈니스와 정보수집, 인맥 만들기가 나의 일이었다. 이를 위해 품격이 뒷받침되는 삶을 살아야한다. 품격은 당당함이었고 공인의 의식이다. 또 품격은 세상을 바라 보는 잣대였다. 어느 날 아침에 만들어지는 것이 아니었다.

누군가 빨리 빨리는 열등감이라고 했다. 사람다운 사람은 품격이 있는 사람이었다. 구청장이 되어서야 품격을 깨닫고 있어 겸연쩍었다. 그래도 그나마 나의 문제가 품격에 있었음을 안 것이 다행이었다. 나의 자세가 바르고 당당해야 품격이 있음을 깨달았다. 품격은 조급해서는 안 되었다. 누구를 만나도 상대를 존중하고 배려하는 태도였다. 진정으로 사람이 중심이 되는 것이다. 무게는 하루아침에 늘어나지 않았다. 품격은 끊임없이 채찍질해야 몸에 각인되는 것이었다.

왜 공직자가 검은색 옷을 입는가? 중세의 수도사들이 스스로 낮은 곳으로 임하는 자세에서 왔다고 했다. 상대를 높이기 위해 자신을 낮추는 검은색이었다. 이것이 공직자들이 검은색을 즐겨 입는 전통이었다. 권위가 아니었다. 봉사였다. 동대문구청장은 동대문을 보여주는 품격의 잣대였다. 구청장은 어디에서든 품격의 가늠자였다. 이것은 구청장이 주민을 대표하는 공인으로 자리하기 때문이었다.

오늘 구청장의 품격과 매너를 배웠다. 그것은 공과 사 구분에서부터 시작됨을 알았다. 그리고 나는 나의 과거와 습성으로부터 떨어져 나와 한 걸음을 떼었다.

동대문
어디로 갈까?

도시를 도시답게 만들어주는 것은
다양성에 있었다.
도시는 생활의 공간이고
복잡한 질서가 작동하는 네트워크였다.

도시의 경쟁력은 머물 수 있는 환경이다

동대문 어디로 갈까? 수없이 물었다. 아니 입에 달고 다녔다. 구청장 당선 이후 동대문의 미래에 대한 답을 구해야 했다. 그래서 또 걸었다. 걷다보니 동대문을 속속들이 더 자세히 알게 되었다.

인구 고밀도 지역으로 녹지 공간이 절대적으로 부족했다. 장안동, 전농동, 청량리 등 곳곳에 개발이 정체되어 유휴지로 뒹구는 땅이 부지기수였다. 정리해야 했다. 새로운 형태의 동대문 플랫폼(platform)을 만들어야 했다.

99%의 노력과 1%의 영감이 필요했다. 끊임없이 새로운 해법을 찾아야 했다. 물론 선거운동 과정에서 공약을 통해 주민과 많은 약속을 했다. 그러나 공약대로 가는 것도 중요하였으나 타당성과 실효성이 뒷받침되어

야 했다. 이러한 과정에서 민주주의가 살아 움직인다고 판단했다. 시간이 걸리더라도 논쟁을 하면서 더 좋은 해결책을 모색해야 했다. 도시의 과거는 거리에, 계단에, 창살에, 지붕에, 이정표에 담겨있다고 했다. 사람들이 축적한 시간과 기억 속에 도시가 있었다. 도시의 진면목은 오히려 눈에 보이지 않는 곳에 있었다.

인간을 인간으로 만든 것이 기억이라고 했다. 도시를 도시로 만드는 것도 역사였다. 청량리가 청량리의 자리를 잃었다고 진단했다. 하지만 청량리는 오래된 도시로 남다른 역사를 지니고 있었다. 청량리는 청량리 자체의 보이지 않는 힘을 갖고 있었다.

도시의 경쟁력은 즐길 수 있는 환경의 여부에 달렸다. 도시에 머무를 수 있는 환경이었다. 먹고 마시고 보고 듣고 느끼는 것을 중심으로 재미있게 놀 수 있는 환경이 답이었다.

도시를 도시답게 만들어주는 것은 다양성에 있었다. 도시는 생활의 공간이고 복잡한 질서가 작동하는 네트워크였다. 그렇다면 좋은 도시는 어

청량리역: 경기동부에서 서울도심방면 노선으로 환승할 수 있는 서울동부의 주요 교통거점이다.

떤 도시일까?

무엇보다 도시의 공간을 확보하는 것이 선결 요건이라고 봤다. 업무지구와 주거지역의 구분도 중요하나, 도시공간의 기능을 복합적으로 구성하는 것이 급선무라고 보았다. 인구가 집중하도록 환경을 조성하고, 밀집된 인구가 활동할 공간을 마련하는 것이 중요했다. 그리고 주거환경을 상호 연결되도록 만들어주어야 함을 깨달았다.

도시공간에서 사람들이 어울릴 장소를 만드는 것이 무엇보다 핵심이었다. 새로운 도시는 다용도의 복합적 공간이 되어야 했다. 도시는 이제 복합적으로 되어가고 있었다. 도시가 디지털을 담는 그릇이 되어야 했다.

생각은 간단했다. 도시의 근린 지역 내에 집, 상가, 공원, 공립학교, 직장, 예배 장소, 영화관, 커피숍 같은 것이 복합적으로 있다면 공적인 삶과 연동될 것이었다. 청량리 지역이 바로 그런 지역이었다. 청량리에는 직장

청량리 전통시장: 도시는 소통의 공간이다. 전통시장이 새롭게 변화할 시간을 기다리고 있었다.

인, 학생, 젊은 엄마 등 수많은 사람이 흐르고 있었다. 사람들을 쇼핑센터에 잡아놓아야 했다.

이 사람들이 공원과 광장에서 즐기고 있어야 했다. 그러기 위해 도시공간을 좋은 건축으로 채우고 건축을 이야기로 만들고, 이야기가 도시공간을 풍요롭게 할 수 있도록 좋은 도시를 만들어야 했다. 사람이 모이면 도시는 더욱 매력적이 될 수밖에 없다고 보았다.

동대문을 다녀보면, 사무실을 나오면, 집을 나오면 다른 집이나 또 다른 장소로 이동할 수밖에 없다. 그런데 동대문 거리는 한적하고, 야간에는 거리가 황량해졌다. 그러다 보니 밤의 공간은 치안도 불안하게 여겨질 수밖에 없었다. 주민들은 골목과 거리, 집을 향하는 도시 공간이 쾌적하고 안전하기를 요구했다. 이에 부응해야 했다.

좋은 건축이 살기 좋은 도시를 만든다

또한 동대문에는 어디에도 광장이 없었다. 청량리 광장도 자동차에 의해 사실상 점령당했다. 청량리는 한때 낯선 사람들이 마주치고 머무는 공간이었다. 우리의 청량리 거리는 통행인이 지나가는 단순한 교차로 역할에 그치게 되었다.

동대문은 이제 생각을 바꿀 때가 되었다. 우리가 나서서 새로운 동대문을, 우리 아이들에게 물려줄 새로운 도시로 만들어야 할 때가 왔다. 우리들의 생각을 바꾸어야 했다. 청량리를 흐르는 도시에서 머물고 싶은 장소로 만들어야 했다.

무엇보다 청량리를 사람이 만나는 사회적 공간으로 만들고, 우리가 살고 싶은 거리를 만들어야 했다. 청량리를 색다르게 만들어 사람들이 집에서 나오도록 하고 서로의 삶이 융합될 공간을 만드는 것이 무엇보다 중요했다.

'도시의 공간은 삶의 시간이며, 공동체의 역사가 녹아 있다'라고 했다. 청량리가 머무는 공간이 되도록 도시의 공간을 확보하는 것이 관건이라고 판단했다.

사람들이 만날 수 있는 공간확보가 청량리를 청량리답게 만들 것이었다. 미래를 보는 것에도 경계가 있었다. 깊이 바라보면 답이 나왔다. 청량리가 가야 할 길이 나왔다.

그러던 중에 시대를 앞서가는 건축의 거장들을 만났다. 김종훈 한미글로벌 회장과 김영세 이노디자인 회장이었다. 이분들은 내게 "좋은 건축이 살기 좋은 도시를 만든다"고 했다.

김종훈 회장은 "건축은 시대의 거울이다. 건축과 디자인 협업을 통해 도시경쟁력을 높여야 한다. 앞서간 도시들은 도시의 디자인 경쟁력을 통해 좋은 건축이 도시를 더 좋게 만들고 이는 사람이 행복한 도시로 연결된다"라고 했다. 도시공간과 디자인에 공감했다.

김영세 회장도 건축과 디자인의 융합은 동대문의 얼굴을 바꿀 것이라고 했다. 도시경쟁력은 디자인과의 융합, 도시공간에서 나왔다. 건축과 디자인의 협업이 관건이고, 디자인에 생활, 공간, 문화라는 3개의 키워드를 살려야 한다고 했다.

이분들의 조언은 크게 힘이 되었다. 내게 건축이라는 공간문제와 생활, 문화의 복합적 개발이 중요함을 일깨워주었다. 청량리라는 공간으로

2050년 미래도시라는 개념을 연결하였다.

2050 미래도시 프로젝트로 간다

2050년에는 미래도시가 어떻게 갈까? 인구 고밀도의 동대문이 어떤 방향으로 가야 할까? 청량리라는 공간을 복합개발로 미래도시를 만들 수 있을까? 어떻게 낙후된 청량리 이미지를 바꿀 수 있을까?

동대문의 심장은 청량리라고 생각했다. 청량리를 개발해 동북부의 중심으로 발전시키기 위한 청사진을 그렸다. 그래서 청량리역 광역환승센터를 구축하고, 주거·상업·업무·문화공간이 갖춰진 복합시설을 만들기로 했다. 청량리, 아니 동대문 지역의 골목 골목에 시대를 앞서가는 이야기와 문화가 흐르게 하고 싶었다.

동대문구에는 경희대, 외대, 시립대, 카이스트대와 인근에 고려대가 있다. 이를 살려 청량리를 거점으로 젊은이들이 모이는 공간, 청년 복합네트워크 구성이 가능한 공간으로 만들 계획을 마련했다.

주거, 상업, 업무 공간과 더불어 사람들이 모여 이야기하고, 자유롭게 공연도 즐길 수 있는 광장과 녹지공간이 들어서도록 복합개발을 계획했다. 청량리에 볼거리, 즐길 거리, 살 거리, 먹을거리 등 알찬 콘텐츠로 채워나갈 복안이 섰다.

비 오는 날이면 '우리 홍릉 가서 놀까?' 눈 오는 날에는 '우리 청량리 좋다는데 한번 가볼까?' 이런 낭만적인 이야기가 있는 거리를 만들어 차를 마시고, 홍릉을 걷고, 경동시장에서 장을 보고, 편리한 교통으로 집에 가는 청량리를 만들 것이다.

또한 청량리 일대가 서울 동북권 교통 중심지로 거듭나고 있다. GTX 노선을 비롯 강북횡단선, 면목선의 신규 노선설립과 청량리 복합환승센터 건립 등 개발 청사진을 마련하고 있다.

얼마 전 국토교통부는 'GTX 추진단'을 신설하고 본격적인 활동을 시작하고 있다. GTX-B와 C노선은 청량리를 관통하고 있다. GTX-B 노선은 인천 송도에서 용산, 청량리를 거쳐 남양주 마석을 잇는 노선이고, GTX-C 노선은 양주, 청량리를 거쳐 수원을 잇는다.

추진단 사업팀은 GTX-B와 GTX-C노선의 민간사업자 선정과 협상, 실시설계 등 사업을 총괄하고 있다. 정부에서 집중적으로 사업을 추진하고 있는 만큼 속도감 있게 진행될 것이다.

면목선은 청량리서 장안동, 면목역, 신내 차량기지로 연결되는데 현재 예비타당성 조사가 진행 중이다. 강북횡단선은 청량리, 목동으로 이어지는데 GTX-B와 C 노선이 개통되는 기간에 발맞추어 청량리 복합환승센터도 구축될 것이다. 동대문구도 할 수 있는 행정적 지원을 통해 동참할 것이다.

재정비, 재건축, 재개발 사업은 주거환경 개선과 도시기반시설 확충에 역점을 두며 도시 기능을 회복해 나갈 것이다. 이들 정비사업에 행정절차가 걸림돌이 되지 않도록 최대한 지원할 것이다. 필요하다면 서울시, 국토부, 국회 등을 직접 찾아가 도움을 요청하는 등 만전을 기할 것이다.

그리고 전농동에 서울대표도서관 설립을 통해 4차 산업혁명 시대에 대비한 문화콘텐츠를 채워나갈 것이다. 장안2동 물류터미널은 20년 가까이 나대지로 방치되어 있었다. 서울시가 개발주체인 만큼 주민들의 요구를 서울시에 충분히 전달하였다.

물류 시설은 지하화하고, 지상부는 최고 39층 복합개발로 주거, 업무, 문화 등 다용도시설은 배치했다. 물류시설은 소규모·생활물류 중심으로 운영하고 환경물류 차량이 운행되도록 한다. 주민과 격리된 전용도로도 개설한다.

물류터미널은 도시 미관을 개선하고 동북권 지역 발전을 견인하기 위해 5만㎡ 규모의 물류+여가+주거복합공간으로 거듭날 것이다.

구민회관 신축도 그동안 서울시와 문화복합시설을 둘러싸고 이견이 있었으나 원만히 마무리되었다. 따라서 주민들의 여가 및 활동 공간에 문화공간을 더해 2023년에 착공할 계획이다.

노동의 부가가치가 낮고, 환경이 열악한 패션봉제의 침체를 개선하고, 극복할 방안을 찾아 동대문구를 한국의 밀라노로 만들어 갈 것이다.

방치된 물류터미널: 이곳에 지상 39층짜리 주상복합 건물이 들어설 계획이다. 동부서울의 새로운 랜드마크가 숨쉬고 있다.

III

동대문과
나

동대문을 걸었다

발걸음을 옮길 때마다
새로운 생각들이 말을 걸어왔다.
생각은 걷기에서 나왔다.

걷는 사람에게 절망은 없다

국민의힘 경선(2021.11.5) 이후 그냥 걷는게 일상이 되었다. 발길이 닿는 대로 걸었다. 산도, 도시도, 농촌도 걸었다. 산과 길과 건물, 이정표, 골목길, 카페, 절, 교회, 학교, 공원을 만났다. 동대문의 칼바람도, 한겨울의 살풍경도 만났다.

그렇게 걸었다. 어느덧 3개월이 지났다. 나에게 무거운 멍에처럼 지워졌던 패배의 그림자도 사라졌다. 걷다 보니 나는 새로운 사람이 되어 있었다. 역시 걷는 사람에게 헛걸음은 없었다. 걷는 자에게 당연한 풍경은 없었다. 삶이 가벼워졌다.

'그가 정말 걷는 사람이라면 걷는 사람에게 절망은 없다'라는 말을 몸으로 체험했다. 동대문구의 행정동 14개동(법정동 10개)을 걸으면서 동대문을 새롭게 만났다. 행정동과 법정동의 개념도 새롭게 알았다. 역시 현장에 답이 있었다.

동대문을 두 발로, 몸으로 걷고 나서 동대문을 발길 닿는 대로 알았다. 어느 날은 산책로를, 어느 날은 골목길을, 어느 날은 대학가를 구체적으로 걸었다. 그리고 약간은 두려운 마음으로, 때로는 호기심에 가득 차서 동대문을 속속들이 누비고 다녔다.

그러다가 동대문 지도를 보았다. 동대문이 남다르게 보였다. 법정동과 행정동 이야기를 비롯하여 이 골목 저 골목 거리도, 마을도 알게 되었다. 동대문의 맛집과 명소, 이야기가 있는 거리와 상징적인 장소들을 구석구석 체험했다.

배봉산 숲속 도서관: 가장 행복한 산책은 책을 향한 산책이고, 책속으로의 산책이다.

동대문이 내게 말을 걸어왔다

무엇보다 나를 들뜨게 하면서 걷게 만든 것은 전농동의 도서관 거리였다. 배봉산 일출을 찍고 내려오다 배봉산 숲속 도서관을 만났다. 이어 꿈틀 어린이 도서관, 뜨락 작은 도서관도 만났다.

그리고 배봉꿈마루는 청소년독서실과 북카페가 인상적이었다. 특히 지하 세미나실은 주민들에게 대관토록 하여 주민들의 커뮤니티 공간으로 손색이 없었다. 그렇게 내려오다 '책 속에 길이 있다'라는 표지판을 내건 '전농서적'을 만난 것은 덤이었다.

발터 벤야민은 "가장 행복한 산책은 책을 향한 산책이고, 책 속으로의 산책이다"고 말하면서 파리를 상상의 도서관이라고 지칭했다. 문득 전농동을 걸으면서 책 속으로의 산책을 꿈꾸어 보았다. 그렇게 걷다 보니 나

배봉산 숲속 도서관: 숲속에 도서관이 있다. 새로운 생각들이 말을 걸어왔다.

는 겨울을 걷는 겨울 나그네가 되었다. 그러면서 나를 들여다보았다. 나의 내면의 목소리를 새롭게 들을 수 있었다. 걷다 보니 어느덧 내가 비워지는 모습도 느껴졌다. 마음이 한없이 맑아졌다. 그러면서 동대문과 대화를 시작했다.

발걸음을 옮길 때마다 새로운 생각들이 말을 걸어왔다. 생각은 걷기에서 나왔다. 걷다 보니 내 속에 묻혀있던 동대문의 어린 시절의 모습들이 떠올랐다.

걸으면서 동대문을 만나고, 역사와 삶의 의미를 생각했다. 그리고 나 자신을 동대문과 연결했다. 이윽고 더 큰 세상으로 나가야겠다는 다짐을 새롭게 했다. 아니 동대문이 내게 말을 걸어왔다. 동대문의 내밀한 목소리에 귀를 기울였다. 그리고 동대문의 풍경들을 보면서 나도 동대문의 내밀한 세계 속으로 들어갔다. 그렇게 새로운 세상을 만났다. 그러자 그렇게 혼란스럽던 마음도 편해졌다.

이것이 서울이다

아버지로부터 알게 된 서울은
내 인생에 영향력을 행사했다.
나는 어린 시절 보아온 서울을 통해
세상을 보기 시작했다

3.1 빌딩은 경이로웠다

1970년 경기도 이천군 장호원에서 서울 답십리로 이사를 왔다. 우리 식구 6명은 달구지 같은 차에 얹혀 서울에 닿았다. 행복한 추억이 시작되었다. 그날 저녁 아버지는 나를 가설 서커스 극단 천막 인근으로 데려갔다. 아버지는 서커스 극단을 가리키면서 "이것이 서울이다" 하시면서 대견하게 극단을 가리키셨다. 나에게 서울은 서커스 극단과 함께 시작되었다.

다른 날은 3.1 고가도로를 타고 아버지의 생계 터전이 있던 퇴계로의 대림상가에 데려가셨다. 당시 제일 높은 31층의 3.1빌딩도 보여주셨다. 아버지는 무엇보다 우리나라 건축가가 우리 기술로 지었음을 강조하셨다. 대림상가도 건축적 위용이 남달랐으나, 3.1빌딩은 커다란 경이로움으로 기억에 남았다.

아버지는 냉면을 무척이나 좋아하셨다. 어느 날 우래옥으로 기억되는데 내게는 맛이 없었던 냉면을 맛있게 드신 뒤 동대문도 보여주셨다. 그러면서 "이것이 서울이다. 서울엔 모든 것이 있다"라고 하셨다.

서울을 통해 세상을 보기 시작했다

그해 여름 큰 홍수가 있었다. 아버지는 나를 광나루로 데리고 가서서 물구경을 시켜주셨다. 흙탕물을 이루어 내려가는 한강의 힘은 어마어마했다. 아버지는 "이것이 서울이다" 하시며 한참을 물끄러미 한강을 바라보셨다. 불현듯 아버지의 손을 꽉 잡은 기억이 새로웠다. 서울은 생각보다 넓었다. 아버지로부터 알게 된 서울은 내 인생에 영향력을 행사했다. 나는 어린 시절 보아온 서울을 통해 세상을 보기 시작했다. 무엇보다 한강의 세

동대문구 빛내림: 문득 장엄함과 마주쳤을때 어린시절 그 친구가 떠올랐다.

찬 물결은 커다란 충격으로 아직도 가슴에 남아있다.

　그러나 아버지가 보여주신 '서울'보다는 혼자 보고 경험한 서울이 더 좋았다. 내게 친밀한 것은 언제나 혼자만의 시간이었다. 때때로 책 속에 파묻힌다든가 이 길 저 길을 걸을 때 나는 나만의 세계 속으로 빠져들어 갔다.

　그래도 아버지가 보여준 서울은 마음속에 차곡차곡 쌓여있다. 아버지와 함께한 과거는 내 속에 영원히 존재하고 있음을 때때로 느끼고 있다. 어느 때인가는 그대로 눈을 감고 내 마음속의 발소리를 들어본다.

잊을 수 없는 시절

세상은 무섭게 변해있었다.
나의 기억들은 과거가 되어 있었다.
이 기억들이 나를 새로운 세계로 인도했다.

세상은 무섭게 변해있었다

답십리 시절은 동아제약과 대한제분이 인상적이었다. 동대문을 걸으면서 가장 먼저 동아제약 건물을 찾았다. 당시 동아제약을 다니는 사람들은 자부심과 긍지가 남달랐다. 옷도 걸음걸이도 달랐다. 이들은 집주인들이었고, 아이들 옷차림도 말쑥했다.

대한제분은 항상 굴뚝에서 연기를 인상 깊게 뿜어냈다. 그리고 넓은 공터에는 언제나 커다란 트럭들이 줄을 서서 무엇인가를 끊임없이 실어날랐던 기억이 난다.

50년이 지난 후 나는 답십리에 다시 섰다. 나는 결혼을 했고 아이들도 집도, 사회적 지위도 있었다. 별안간 나는 다른 세계에 서 있는 것처럼 느꺼졌다. 낯설었다. 세상은 무섭게 변해 있었다. 나의 기억들은 과거가 되어 있었다. 그러면서도 어린 시절의 찬란한 추억들이, 비밀들이 내 가슴 속에 깊게 새겨져 있음을 깨달았다. 이 기억들이 나를 새로운 세계로 인도했다. 나는 그 추억과 비밀들을 탐색하고 싶다는 강렬한 욕구가 일었다. 나는 더 힘차게 걸었고 동대문에 대한 애착이 더 강해졌다.

답십리 초등학교를 졸업하고 전농중학교에 입학하였다. 첫 시간은 도덕 시간이었다. 훤칠한 선생님께서 중학교 시절 좋은 친구는 일평생 가는 아름다운 동행이라고 힘주어 말씀하셨다. 나도 좋은 친구를 만들어야겠다고 굳게 다짐하면서 친구를 사귀기 위해 요모조모로 궁리를 했다.

내 주변에는 운 좋게도 나보다 좋은 형편의 친구들이 많았다. 방학이 끝나면 친구들은 부산을 다녀오고, 강릉에 다녀오고, 대천 앞바다를 다녀왔다는 이야기들을 했다. 심지어 제주도를 다녀온 친구도 있었다.

영휘원: 고종의 후궁 엄비의 묘소이다. 눈 내린 묘소는 하늘을 품고 있었다.

나는 주눅이 들어 이야기에 끼어들 수조차도 없었다. 나는 이방인처럼 그들을 바라만 볼 수밖에 없었다. 그러면서 나는 처음으로 깨달았다. 우리 아버지는 가난한 농군 출신이라는 것을. 아버지는 가업이 무너지면서 다시 일어서기 위해 몸부림을 지고 계셨다. 나는 영어참고서 한 권을 살 수조차 없는 학생이었음을 깨달았다.

그 후 나는 학교에서 나의 가정사를 이야기하지 않았다. 최근에야 어쩌다 대학에 힘들게 들어간 역사, 삼수를 한 이야기를 하다가 나의 어려웠던 시절을 이야기할 수 있었다. 오십 년이 지나고 나서야 나의 어려웠던 시절을 말할 수 있었다.

중학교는 전농중학교를 다녔고, 박정희 대통령의 평준화 시책으로 경복고교에 운이 좋게 배정받았다. 그리고 고대를 졸업했다. 평범하기 이를 데가 없는 이력이었다. 그러나 사실 나의 중고교 시절은 공부와는 담을 쌓은 참담하기 이를 데가 없던 시절이었다. 그 당시 아버지는 새로운 사업을 시작하셨다. 아버지는 나를 앉히시고는 동생들도 있고 생계가 어려우니 아버지를 도우라고 하셨다. 장남인 나로서는 어쩔 수 없이 아버지의 말씀을 따를 수밖에 없었다. 공부는 당시의 나에게는 언감생심이었다.

서울로 이사하기 전까지도 체계적인 공부는 상상도 할 수 없었다. 매일 아버지와 어머니로부터 공부 열심히 해야 한다는 말을 들었으나 어떻게 공부하는 것인지를 알 수가 없었다. 그렇게 보낸 어린 시절이었다. 아버지 공장에서 일을 도와야 한다는 말씀은 당연하였다. 그렇게 중학교 시절 아버지의 백묵과 초크(양복점 재단에 쓰는 용품) 공장에서 일을 시작하였다. 나보다 5년에서 9년이 많은 연배의 형들과 한방을 쓰면서 주경야독을 하였다. 말이 주경야독이었다. 밤이면 형들과 세상 이야기들을 하면서 세상 가는 줄을 모르는 학생 시절을 보냈다.

대학에 가도 되겠다

정말 세상을 몰랐다. 나는 공장에서 일하고, 아침이면 그래도 학교에 가고, 학교가 파하면 쏜살같이 집으로 달려와 아버지 일을 도왔다. 학교생활 자체에는 흥미가 없었다. 아버지 친구가 당시 한일은행 지점장이었다. 아버지는 입버릇처럼 한일은행에 입사하면 좋겠다고 말씀하셨다. 당시 한일은행은 정말 좋은 직장이었다. 은행원이 된다고 생각하면 잠을 이룰 수 없을 정도로 고무되었다. 공장 형들에게 은행원이 될거라고 자랑하면서 시간 가는 줄도 모르고 이야기꽃을 피웠다.

돌이켜보면 나는 이야기를 풀어내는 재주가 있었다. 공장 형들에게 나도 모르는 은행원 생활을 천연덕스럽게 엮어냈다. 지금 생각하니 은행원의 삶을 통해 처음으로 세상을 그렸다.

고3이 되면서 형편이 좀 나아졌다. 어느 날 아버지가 또 나를 불러 앉히셨다.
"대학에 가도 되겠다. 대학준비를 해라."
이것이야말로 '금 나와라, 뚝딱'이었다. 그래도 감사했다. 대학에 갈 수 있다는 말만 들었는데 당시는 엄청난 행운이라는 생각이 들었다.

불현듯 하나님께 감사기도를 하였다. 이때부터 나는 하나님에 대한 생각을 하기 시작하였다. 나는 하나님을 믿기 시작하였고, 공부를 진지하게 생각하기 시작했다.

동대문의
추억

학교가 파하면 아버지를 돕기 위해
종로 세운상가까지 걸었던 기억이 새롭다.
동대문은 걸어도 걸어도 멀었다.

장남은 집을 지켜야 한다

나는 답십리 초등학교와 전농중학교 재학시절 정말 중요한 경험을 했다. 아버지는 답십리 초등학교 시절 세운상가 옆에서 조그만 점포를 얻어 잡화상을 했다. 당시만 해도 아이들은 중요한 노동력이었다. 초등학교 시절 답십리에서 종로 세운상가까지는 차를 타고도 멀고 먼 길이었다. 학교가 파하면 아버지를 돕기 위해 종로 세운상가까지 걸었던 기억이 새롭다. 동대문은 걸어도 걸어도 멀었다.

걷다 보니 청계천 주변이었는데 너무나 더웠다. 나무 그늘을 찾았다. 물끄러미 나무를 쳐다보다 나무는 뿌리가 있어 산다는 생각이 들었다. 그러다 순간 갑자기 나는 누구일까? 하고 자신에게 물었다. 하늘을 쳐다보았다. 맑고 맑은 하늘에 구름 한 점이 걸려 있었다. 순간 아버지와 손잡고 걸었던 어린 시절 중시조 이래(李來)묘를 걸었던 기억이 났다.

아버지께서 "너는 경주이가다. 여주군에서 13대를 살았다. 잊지 마라." 중시조 묘는 광주군 초월면에 있었다. 아버지를 따라 걸어도 걸어도 멀기만 한 곳을 갔다.

시조 묘에 도착해서는 "이분이 너의 조상이다"라고 말씀하시는 모습이 당당하셨다. 이어 "너는 장남이다. 장남은 집을 지켜야 한다"는 말씀이 내게 강력하게 인식이 되었다. 장남의식이 나의 내면의 자긍심과 자존감을 차근차근 키워주었다.

그러다가 전농중학교를 다니면서 주경야독이 생활화되었다. 사실상 3년 내내 아버지를 돕다시피 하며 경복고교 시절까지 그러한 삶을 살았다. 이 기간에 유독 내게 동대문이 각인된 계기는 사실 두 사람과의 만남 때문이었다. 이들 두 사람이 내게 세상을 가르쳐주었다. 이름도 아련하나 공장장 형과 이름을 잊은 무도인 형이었다.

답은 나에게 있었다

공장장 형은 잘생긴 호걸의 풍모를 지녔으며, 기품이 있었다. 공장장 형은 내게 라디오뉴스를 잘 들으라고 귀에 못이 박히도록 강조했다. 라디오뉴스는 세상과 연결을 시켜주는 열쇠라고 했다.

"사람 사는 모습을 들여다 보는 창이다. 세상을 알아야 세파를 뚫고 나갈 수 있다고 했다."

무도인 형은 저녁이 되면 무술을 가르쳐주었다.

답십리 고미술상가: 옛 물건은 잃어버린 기억을 찾아주는 소중한 영매였다. 오래된 오늘을 불러냈다.

무도인 형은 특이하게도 "나도 돈을 내고 배웠으니 돈을 내라"라고 했다. "나는 돈이 없으니 이야기를 내겠다"고 한 대답에 형이 감동했다. 나는 그 이후 학교와 역사 이야기를 해주었다.

형은 내게 신체단련의 비법을 가르쳐 주었다. 지금 생각하니 택견 같은 전통무술이었던 것 같다. 그때의 수련습관이 평생 나를 건강하게 했다.

공장장 형과 무도인 형, 나는 셋이서 틈만 나면 한 방에 모여 세상을 논했다. 박정희 체제의 우월성과 어떻게 살아야 하는가를 묻고 또 물었다. 그러면서 자연스럽게 내 삶의 모든 문제를 보는 시각을 배웠다. 어떤 환경에 놓인다해도 답은 나의 내부에 있음을 알았다. 물론 환경적 요소를 고려할 수밖에 없으나 결국 답은 나에게 있음을 깨달았다. 환경은 환경일 뿐이었다.

마치 나무의 진정한 역사가 뿌리 속에 감추어져 있는 것처럼 나의 뿌리는 답십리 초등학교와 전농중학교 시절 경험들 속에 있었다. 지금도 간혹 공장장 형과 무도인 형은 어디서 무엇을 할까? 생각해본다. 정말 형들은 어디서 살고 있을까?……

나의 첫 직장
이문동

군복을 차려입은 훈육관이
검은 선글라스를 끼고 나와,
우리를 지휘하였다.
그렇게 주사위는 던져졌다.

북한 공작원 해프닝

고려대학교를 졸업할 무렵 안기부 공채에 합격하였다. 시국이 참으로 어수선하던 때였다. 당시 안기부는 군부독재의 하수인처럼 여겨졌다. 사람들은 안기부를 정권보위부로 인식하고 있었다.

그런데도 나는 굳이 안기부를 택하였다. 개발독재시대는 일자리도 넘쳤다. 대졸자들은 3~4개의 일자리 가운데 선택할 수 있었다. 모든 가능성은 열려 있었다. 지금 생각해보면 운명은 알 수 없는 힘으로 나를 이끌고, 삶이 되었다. 그리고 삶은 새로운 생활방식임을 알게 되는 과정이었다.

세월이 어수선하였다. 대학가에는 안기부에 대한 안 좋은 소문도 많이 떠돌았다. 정권의 하수인, 전두환 정권의 전위대는 그나마 들어줄 만한 호칭이었다.

당시 내 귀에는 안기부 공채출신들은 1년간의 특수교육 후 홍콩 우회로를 통해 북한에 공작원으로 파견되고, 많은 요원이 죽는다는 소문이 들렸다.

아버지도 어디서 소문을 들으셨는지 반대를 많이 하셨다. 소문이 흉흉하다면서 집안의 장남인 네가 위험을 감수할 필요가 있느냐면서 다시 한번 생각할 것을 권유하셨다. 최종 합격통지서를 받고서 1주일간은 악몽의 연속이었다. 회사 측은 합격 사실을 누구에게도 말하지 말라고 주문하였다. 생각이 꼬리에 꼬리를 물었다. 고민은 갈수록 커졌다. 어느 날 밤에는 홍콩에서 중국으로 밀항하는 꿈을 꾸다가 소스라치게 놀라서 깨었다. 온몸에 땀이 흥건하였다.

어떻게 할까? 밤을 새워 기도했다. 목숨을 걸고 가야 하는가? 그러다 먼동이 트는 것을 보고 무작정 밖으로 나갔다. 그리고 거리를 향해 뛰었다. 그래 들어가자. 무슨 일이 생겨도 사람이 살아가는 길이었다. 부딪쳐 보자.

그러면서 일주일 내내 거리를 뛰었다. 내가 만약 북한에 밀파된다면 어찌 될까? 내 마음을 다잡고 싶었다. 서울 시내 곳곳을 뛰었다. 어쩌면 다시 못 볼 수도 있는 거리였다. 종로도, 경복궁도, 그리고 경복고교를 배회하면서 뛰었다.

그렇다. 서울을 기억하고 싶었다. 어차피 우리 시대의 누군가는 짊어질 일이었다. 그래 내가 지자. 공작원이 되겠다는 마음가짐은 새로운 실체로 다가왔다. 어찌 보면 목숨을 걸겠다는 결기 같은 것이 무의식 속에서 나의 삶의 경계를 넓혀주었다.

어떤 상황이 오더라도 살아남자!

그렇게 86년 1월 나는 이문동의 안기부 청사에 입사하였다. 입사 첫날의 기억이 생생하다. 이문동 청사 입구는 간밤에 내린 눈으로 발이 푹푹 빠졌다. 소집된 동료들도 막연한 긴장감으로 아무 말도 없었다. 을씨년스럽다는 말을 온몸으로 느꼈다. 군복을 차려입은 훈육관이 검은 선글라스를 끼고 나와, 우리를 지휘하였다. 마음속으로 '올 것이 오고야 말았구나'를 되뇌었다. 그렇게 주사위는 던져졌다.

훈육관은 운동장에 우리를 소집하였다. 그리고 일장 훈시를 하였다.

"지금도 늦지 않았다. 회사를 나가고 싶은 사람은 퇴사를 하라. 이것이 마지막 기회다."

마음속으로 큰일이다 싶었으나 나의 동료들 누구도 일어서지 않았다. 나도 내심 '그래 갈 때까지 가보자'고 다짐했다.

훈육관은 "모두 사제 옷을 벗어라. 이제부터 국가가 지급한 의복을 입는다"면서 벗은 옷을 묶고 봉투에 넣어 집 주소를 적으라 했다. 주변의 동료들 누구도 이의를 제기하지 않았다. 무겁게 옷을 개고 접는 소리만이 들렸다. 하나의 불안이 지나가면 또 다른 불안이 일렁였다.

이어서 군복과 체육복을 비롯한 일상을 살아갈 비품들이 지급되었다. 마치 군입대를 다시 하는 것처럼 보였다. 기숙사 방 번호도 극적인 모습을 띠었다. 2인 1조로 상호 감시체제의 모습처럼 보였다.

세종대왕기념관: 동대문에 뜬금없이 세종대왕이 앉아 계셨다. 좀 외롭지 않으실까?

저녁을 먹고 기나긴 정신교육과 훈시를 여러 차례 듣고 나서 내게 배정된 기숙사 방으로 들어갔다. 그리고 간단한 통성명 후 취침 시간이 되었다. 그러나 잠들 수 없었다.

가만히 일어나 기숙사 옥상으로 올라갔다. 눈발이 날리고 있었다. 저 멀리서 개 짖는 소리가 아련히 들려왔다. 세상은 온통 백색이었다. 나도 모르게 무릎을 꿇고 말았다. 그리고 간절히 기도했다.

"하나님의 때가 내 인생 최고의 순간이다"라고 고백했다. 그리고 죽음을 생각했다. 죽음이 오면 나의 우선순위는 무엇인가? 답은 구원이었다. 그리고 당시 하나님은 나의 모든 것이 되었다.

어떤 상황이 오더라도 살아남자. 그래 나라를 위해 한번 목숨을 바쳐보

자. 이제 더는 물러설 수 없다는 결기를 새롭게 다졌다. 이것이 안기부에 들어간 나의 신입사원 시절 기억의 두루마리였다. 그리고 안기부를 거쳐 국정원 생활을 하는 동안 처음에 생각했던 공작원이 아니라 국가정책의 기획과 전략을 수립하는 일에 투입되면서 내가 그렸던 생활과는 전혀 다른 삶을 살았다.

국정원 생활을 하면서 가슴을 쓸어내린 일이 많았다. 그래도 목숨걸고 들어간 직장이라서 그런지 언제나 즐거웠고, 보람을 찾을 수 있었다. 국가를 위해 일한다는 자부심과 긍지를 한시도 잊은 적이 없다. 아직도 국정원을 목숨을 걸고 들어갔다는 나의 기억은 어제 일처럼 지워지지 않고 있었다.

동대문을 걸으면서 다시 이문동 청사 주변을 걸었다. 이미 청사는 사라지고 한국예술종합대학교가 자리를 잡고 있었다. 교내를 걸었다. 노조의 '임금인상투쟁' 걸개그림이 바람에 나부끼고 있었다. 저 멀리 기숙사가 아직도 산밑에 박혀 있었다.

왜
동대문인가?

나의 삶을 동대문구에
모두 쏟아넣고 싶어졌다.
그래서 동대문구청장에 출마했다.

나는 동대문과 뼛속까지 얽혀있었다

동대문을 걸으면서 동대문에 다시 오기를 잘했다는 생각이 들었다. 어린 시절과 청년 시절이 동대문 곳곳에 고스란히 박혀있었다. 초등학교 시절 답십리에서 뛰놀던 기억이 새로웠다.

전농동에서는 걸어 다닌 등굣길과 서울시립대의 뒷길을 보면서 감회에 젖었다. 당시는 서울시립 농대였다. 시립 농대로 가는 길은 종묘장, 벼농사 시범구역, 과수나무 모종구역으로 가득 차 있었다. 가끔 경비원들이 "밟지 마라. 밟으면 출입금지다"라고 말하는 목소리가 생생하였다. 그리고 배봉산을 올랐던 기억이 뚜렷하였다. 휘경동과 장안동은 하굣길을 걸었던 추억이 떠올랐다.

신설동에선 고려대 재학시절 도서관 자리가 없어 동대문 도서관을 이용했던 기억이 났다. 그리고 신군부 정권 장악 음모를 규탄하면서 달렸던 동대문, 친구와 최루탄을 뒤집어썼던 대광고 정문의 모습이 내 인생에 각인되어 있었다. 제기동 경동시장은 165번 버스 종점이었다. 종점에서 내려 걸어 다녔던 길목이었다. 그리고 회기동과 이문동은 첫 직장의 일터였다. 퇴근 이후 뒤풀이 장소였다. 동대문을 걸으면서 내가 뼛속까지 동대문과 얽혀있음을 새삼스럽게 깨달았다.

그렇게 시작한 공직에서 28년을 보냈다. 공직을 거치면서 청와대 민정비서실 행정관을 비롯해 17대 대통령직인수위원회 정무위 실무위원을 거치며 다양한 국정 경험을 하였다. 무엇보다 국가정보대학원에서 정보학 교수직을 경험하였다. 국정원을 퇴직하고, 정치권에 발을 디뎠다. 그리고 19대 대통령 후보 선거전에서 전략본부장을 역임하면서 당과 소통본부의 가교역할을 하였다.

동대문에서 내가 할 일이 있었다

2017년 6월부터 당 여의도연구원 아젠다 위원장을 맡았다. 정책개발과 분석, 동대문에서 내가 할 일이 있었다. 정세분석활동을 하면서 중앙당 업무에 참여했다.

그리고 이번 대선 예비후보 경선에서 홍준표 후보의 총괄조직본부장으로 조직을 명실상부하게 이끌었다. 이어 윤석열 대선캠프의 조직통합위원회 위원장을 맡으면서 정권교체를 위해 대통령 선거 전선의 최전방에서 활동하였다. 사람들은 내게 물었다.

"왜 동대문인가?"

무엇보다 동대문은 12년 동안 민주당이 살림을 맡아 이끌었다. 12년 민주당 집권에 대한 염증이 많았다. 동대문 구석구석을 돌아보면서 내가 할 일들이 많음을 느꼈다. 동대문을 걸으면서 마포구와 용산구, 성동구도 수시로 걸었다. 그러면서 동대문이 변화의 시점에 서 있음을 더욱 절실히 느꼈다. 동대문에서 내가 할 일이 있었다. 아니 내 역할을 찾을 수 있었다.

동대문을 걸으면서 수구초심(首丘初心, 고향을 그리워하는 마음)을 강하게 느꼈다. 많은 예술가가 노년에 고향을 찾아 고별전과 회고전을 여는 심정을 나도 느꼈다. 내 고향을 위해 마지막으로 나의 모든 것을 다 바쳐 일하고 싶다는 의지가 강하게 일었다.

내가 지금까지 일구어 온 나의 시간을 모두 쏟아 넣고 싶어졌다. 지금까지 내가 터득한 인생의 경험을 통해 동대문을 강북의 랜드마크로 만들고 싶다는 의지가 불타올랐다. 그래서 동대문구청장에 출마한 것이다.

동대문구청 책마당 도서관: 왜 동대문인가? 동대문에 빠져버리고 싶었다.

IV

동대문
이야기

어떻게
동대문을
걸었는가?

동대문구는 나의 유년시절의
기억이 있는 곳이다.
처음에는 여행안내서를 따라
발길 닿는 대로 걸었다.

먼저 동대문의 산책로를 걸었다

동대문구청을 찾아가 여행안내서를 찾아볼까 생각하다 생각을 접었다.
물론 여행안내서 속에 길이 있었다. 그러나 안내서에 묻히면 여간해서는
안내서 밖으로 나갈 수가 없었다. 결국 안내서에 파묻히게 되어 결국 나
의 여행은 그렇게 끝나고 말 것이라고 생각했다.

사실 여행안내서는 자기들만의 방식으로 여행자를 재구성하려 한다.
여행을 가서도 도시를 구석구석 다녀도 결국은 안내서의 일정을 채우려
는 욕심만이 남는 경우를 종종 경험했다. 그래도 일단은 동대문구청이 만
들어 놓은 길을 따르기로 했다. 대략의 얼개를 갖춘 산책로를 따라 도시
의 산책자가 되기로 마음을 먹었다. 무엇보다 앞서 걷는 자들의 길이 중
요함을 알기 때문이었다.

서울풍물시장: 나의 유년시절의 기억이 살아났다. 지혜와 인내가 살아났다.

우선 길을 걸었다. 홍릉두물길(6.2km, 2시간 10분)은 성북천, 청계천, 정릉천과 연계된 길이었다. 우산각 공원과 서울 풍물시장, 약령시장, 경동시장, 선농단, 홍릉수목원, 청량사 길이었다.

청량 가로수길(7.1km, 2시간 30분)은 다양한 역사, 문화, 예술을 탐방할 수 있는 가로수 길이었다. 회기역 파전 골목과 메아리 골목, 서울시립대, 청량리역으로 구성되어 있었다.

장안벚꽃길(5.9km, 2시간)은 중랑천 물길과 중랑천 벚꽃길을 걸을 수 있는 길이었다. 군자교 녹지대의 물레방아와 중랑천 벚꽃길, 장평근린공원, 중랑천 체육공원, 장평교, 장안교, 겸재교, 중랑교로 이루어져 있었다.

배봉두메 십리길(9.1km, 3시간)은 동대문 관내의 거점녹지와 도심가로 경관을 걸을 길이었다. 배봉산 둘레길, 답십리 근린공원, 답십리 고미술 상가, 답십리 촬영소, 영화전시관으로 이루어져 있었다.

마지막으로 천장산 하늘길(3km, 1시간)이 있었다. '하늘이 숨겨놓은 곳' 천장산 길이었다. 국립산림과학원, 한국과학기술원^(KAIST), 연화사, 외대·경희대로 구성되어 있었다.

여행안내서의 바깥이 궁금했다

이 길들을 걸으면서 동대문구의 골격과 구성을 알 수 있었다. 이 길들은 잘 짜여 있었고 나의 안내서의 성 속에 있었다. 이것만으로 도시를 알기는 어려웠다. 외관만을 아는 수박 겉핥기에 불과했다.

안내서의 바깥이 더욱 궁금하였다. 동대문을 속속들이 알고 싶어졌다. 동대문 지도를 펼쳐놓았다. 색연필을 집어 들고 지도 외관을 그었다. 동대문구는 삼각형 아니 오각형의 마름모 모양이었다.

서울약령시: 1960년대부터 전국 각지에서 한약재를 취급하는 상인들이 이곳으로 모여들었다.

동대문은 내가 유년 시절을 보낸 곳이었다. 막연히 동대문은 오래된 이야기가 있는 거리라고 생각했었다. 그런데 동대문을 다녀보고 내가 살았던 동네가 맞나 할 정도로 놀라웠다. 나는 동대문을 몰라도 한참 몰랐구나. 아무것도 모를 수 있다고 스스로 위로했다. 그래서 더 쉽게, 더 빠르게, 더 깊게 동대문을 속속들이 볼 수 있었다. 동대문에 대한 무지를 깨나가는 모습이 좋았다. 어쩌면 나만이 갖는 세계를 확인하는 과정이었다.

그렇다. 나만의 특권이었다. 동대문을 걷는 동안 나는 동대문 여행을 했다가 정답이었다. 여행자처럼 사진을 찍었다. 여행자처럼 음식을 사 먹었다. 그리고 동대문을 하나씩 하나씩 알아갔다.

동대문이
없다

동대문 주소는 종로구 종로 288 흥인지문이었다.
동대문구에는 동대문이 없었다.
아니 동대문에 동대문이 없네!
어안이 벙벙했다.

나의 시간을 바꾸지 않겠어!

정적인 종묘의 공간을 벗어나 종로를 걸었다. 눈 온 뒤의 종로 거리는 을씨년스러웠다. '나는 새는 뒤돌아보지 않는다'고 했는데 나는 틈만 나면 머리가 어지러웠다. 칼바람이 더해지자 서글퍼지기까지 했다. 사실 나는 야밤에 커피를 마시곤 했는데 이제는 야밤 커피를 마시면 잠을 잘 수가 없었다. '우리가 함께 한 바다 (표류, Adrift)'라는 영화를 보게 됐다.

젊은 연인 둘은 망망대해로 요트 모험을 나섰다. 태양과 바다, 푸르디푸른 하늘은 너무나 아름다웠다. 그러다 허리케인을 만나 요트 모험은 목숨을 건 사투로 변해버렸다. 41일간을 표류하는 동안 남자는 갈비뼈와 다리에 치명상을 입고 죽음만을 기다리는 상태였다.

둘은 대화를 나눈다.

남자: 날 만나지 않았으면 좋았을걸. 그러면 이런 일도 겪지 않았을 텐데.

여자: 그럼 우리의 추억도 없겠지. 이 모든 것, 무엇과도 안 바꿔.

사실을 토대로 만든 영화였다. 그래서 그런지 여자의 단호함이 더욱 감동적이었다. 그래, 무엇과도 바꿀 수 없는 현실이 있었다. "이 모든 것, 무엇과도 안 바꿔"를 이름표처럼 달고 다녔다. '그래, 나의 시간을 바꾸지 않겠어! 견디고, 버티고, 나가는거야!' 그렇게 무거운 상념 속에 동대문을 걷고 있었다. 길을 건너는데 동대문이 앞에 버티고 서있었다. "동대문이네"를 나도 모르게 중얼거리고 있었다.

동대문구에 동대문이 없다

국숫집에서 국수를 먹고 국숫값을 냈다. 나도 모르게 습관적으로 영수증을 살펴보았다. 그런데 국숫집 주소가 종로구였다. "어 이거 뭐지" 동대문이 아닌가 자문했다. 그리고 흥인지문을 찾아봤다. 이거 보게 '종로구 종로 288 흥인지문'으로 기록되어 있었다. 아니 동대문에 동대문이 없네! 어안이 벙벙했다. 뭐 이런 경우가 다 있나?

동대문: 동대문구에는 동대문이 없었다.

인터넷을 찾아보니 "동대문은 동대문구에 없다"가 확실하였다. 또한 동대문디자인플라자와 동대문 대표 의류상가인 두산타워(두타)와 밀리오레는 중구에 있었다.

더욱이 지하철 1·4호선 동대문역과 지하철 2·4·5호선 동대문역사문화공원역은 각각 종로구와 중구에 나뉘어 있었다. 내가 알고 있는 동대문은 동대문구와는 전혀 상관이 없었다. 또한 동대문디자인플라자(DDP)도, 동대문운동장도, 평화시장도 동대문에 없었다.

여기저기 물을 것도 없이 인터넷 기사들은 종로구를 유지하려는 행정편의주의가 낳은 아이러니라고 표현하였다. 종로구 도심공동화를 행정편의주의적으로 때워 1975년 창신동과 숭인동을 동대문구에서 종로구로 편입시켰다. 이때부터 동대문과 동대문구는 불구가 되었다. 동대문구가 엄연하고 동대문도 엄존하는데 이게 무엇일까?

물론 동대문구는 지난 2007년 동대문 실물의 4분의 1 크기의 '미니 동대문' 건립을 추진하였으나 '짝퉁' '세금 낭비'라는 구민들의 혹평으로 무산되었다고 했다.

어떻게 이런 행정이 있을 수 있을까? 아무리 생각해도 이해가 되지 않았다. 역사성의 무시뿐만 아니라 동대문이라는 동대문구민의 정체성까지 무시한 행정편의주의적 발상이었다.

참 동대문구민들은 착하다! 아니 동대문구청은 무엇을 하고 있는가? 종로구민은 17만, 중구는 12만이다. 상식적으로 판단해도 이것은 아니다. 종로구와 중구를 통합하고 동대문구였던 창신동·숭인동을 동대문구로 환원하면 된다. 당분간 이것이 어렵다면 '동대문'을 동대문구에 편입시켜 종로구와 공동관리 방안을 적극추진하면 될 것이다.

풍물시장을
걷다

풍물시장은 또 다른 즐거움을 주었다.
모든 것이 다르다는 것을 알게 해주었다.
물건도, 거리도, 사람도 달랐다.

서울은 삶의 공간이다

동대문을 거쳐 한참을 걸었다. 길을 걷고 지하도를 지났다. 지하철통로를 나왔다. 서울 동묘 풍물시장이었다. 이정표를 보고 가슴이 뛰었다. 전혀 예상치 못한 기분 좋은 발견이었다.

서울에 계속 살았는데도 풍물시장 같은 곳이 있을 줄은 상상도 못했다. 풍물시장에는 빈티지한 옷들이 산성처럼 쌓여있었다. 박제화된 진열이 아니라 물건의 모습 그대로 바닥에 나뒹굴고 있었다. 그런대로 살아있는 풍경을 만들고 있었다.

코로나에도 불구하고 아니 스산하고 쓸쓸한 날씨에도 사람들이 북적였다. 여기저기 활기가 넘쳐났다. 발열 내의가 단돈 5천 원이었다. 얼른 집어 들었다. 나같이 겨울 산을 오르는 사람들은 등산복만 보이면 눈독을 들이고 이내 사버리고 말았다.

걷다 보면 어디를 걸어도 무엇인가 새로운 것을 발견했다. 사람들이 세상을 책이라고 했는데 서울을 걷다 보니 '서울은 책이다.'를 실감하였다. 역시 서울은 디테일 속에 숨겨져 있었다.

'서울은 삶의 공간이다.'

그러기에 직접 나의 두 발로 걸으면서 새롭게 서울을 느꼈다. 자동차를 타고 다니며 스쳐서 지나갔던 서울과는 달랐다. 서울을 걸으면서 도처에서 고궁과 문화유산, 역사의 현장과 이야기 속으로 빠져들었다.

대원군의 운현궁 이야기, 윤보선 대통령 고택, 동대문의 선농단 터 등을 둘러보면서 서울을 다시 보았다. 아니 세상을 다시 보게 되었고, 나의 삶도 새로운 눈으로 볼 수 있었다.

서울풍물시장: 서울은 삶의 공간이었다. 나는 삶의 공간을 유심히 바라보았다.

풍물시장은 또 다른 즐거움을 주었다. 모든 것이 다르다는 것을 알게 해주었다. 물건도, 거리도, 사람도 달랐다. 이들과 만난다는 것은 골목골목에 숨겨져 있는 이야기들과 마주하는 것이었다. 오래된 이야기를 갖고 있는 소중한 상점들을 만나는 것도 행복이었다.

상점 주인들은 상품의 이력과 용도, 그리고 역사를 소소하게 친절하게 말해주었다.

풍물시장에는 서민의 철학이 있었다

상점 주인들은 손님이 물건을 사지 않아도 개의치 않았다. 단돈 5백원 짜리 액세서리, 3천원짜리 중고 휴대폰 충전기, 5천원짜리 모자와 5만원 짜리 빈티지 시계를 외쳤다. 풍물시장이 서민들과 세계 여행자들에게 주는 선물이었다. 그러면서도 상인들은 자신만의 상도의와 철학을 외치면서 취향과 고집을 잃지 않았다.

서울풍물시장: 시계가 추상화처럼 널려 있었다. 이 속에서 시계 하나를 고르면 그것을 운명이라고 할까?

중고시계가 쌓인 이색적 모습을 담으려고 사진기를 꺼내 들자 상인들은 정색했다.

"아무렇게나 나뒹굴고 있다고 함부로 대하지 말라."

구경꾼들이 중고시계를 툭툭 내려놓자 얼굴을 일그러뜨리면서 자식을 대하듯 에둘러 시계를 뺨에 부볐다. 풍물시장을 돌아보면서 동대문이 기억의 도시를 만들어가고 있다는 생각이 들었다. 단순히 지나가는 거리가 아니라 찬찬히 들여다보는 공간을 만들었다.

수많은 풍물이 어린 시절의 기억을 끌어내 주었고, 물건들을 보면서 나만의 상상의 세계에 빠져들게 했다. 풍물시장만이 줄 수 있는 또다른 묘미였다.

거리
에서

거리를 걸으면서
헛걸음은 없다는 생각이 들었다.
동대문구는 삶의 공간이고
삶을 이어주는 이야기들이 있다.

서울은 거리가 없어지고 있다

길은 목적지를 향해 가는 과정이다. 그러나 거리는 나의 삶과 우리의 삶의 궤적이 담긴 도시의 일부분이다. 그 거리에 길이 있다. 길 위에 보도블록과 나무들이 자리를 잡고 있다. 그리고 건물과 상점, 집이 있다. 어느덧 서울 거리를 걷다 보니 커다란 변화가 느껴졌다. 서울을 상징적으로 보여주는 상점들이 사라지고 없었다. '상점은 우선 역사성을 갖고 있다. 상점엔 상점 주인이 갖는 개인적 취향과 선호도, 안목과 고집이 묻어난다.' 이런 상점들이 사라져버렸다.

대학 시절 청계천을 가면 중고서적 시장이 빼곡히 자리를 잡고 있었다. 청계천에 가면 공구상들이 저마다의 특성을 갖춘 물건을 지니고 있었다. 지역마다 드문드문 지역의 특성과 저마다의 특성을 지닌 매장들이 있었다. 이들이 자리를 잃어가고 있었다.

　고속도로는 시골의 명물들을 삼켜버렸다. 대형마트는 골목 가게를 흡수하였다. 옷도 인터넷 쇼핑이나 아울렛 매장으로 가버렸다. 스타벅스, 투썸플레이스, 체인점, 브랜드 매장만 늘어났다. 용산전자상가도 대동소이한 제품들을 약간의 가격만 차별화하며 규격화하고 있었다. 서울이 어떤 의미에서는 점점 고급화되면서 길을 멈추어 쉬다 갈 공간도 줄어들고 있었다. 서울의 맛이 없다고 종종 주장하던 의미를 눈으로 직접 확인하였다. 강남, 마포, 용산 등을 걸으면서 서점을 찾기도 힘들었다.

　백화점, 온라인 쇼핑몰, 대형마트가 우리 삶의 중심에 자리를 잡았다. 서적도, 가구도, 옷도 규격화된 매장에서 균일화된 가격으로 적응해 버렸다. 서울의 거리는 고층빌딩이 점거하면서 대기업 브랜드 시장으로 변하면서 나 같은 서민들이 들어가 정담을 나눌만한 자리가 없어져 가고 있었다.

벚꽃길 북카페: 사람들은 자신들의 시간을 갖고 무엇인가를 골똘히 생각하고 있었다.

동대문에는 삶의 거리가 있다

동대문을 걸으면 여기저기에서 내가 그리워했던 장소들을 만날 수 있었다. 반딧불 중고서점, 벚꽃길 북카페가 정겨웠다. 카툰 앤 북카페는 보다가, 먹다가, 쉬다가, 놀고 가라고 호객을 했다. 낙서파전집은 냉난방이 확실하다며 지나가는 사람들을 불러세웠다.

회기역 앞의 할머니 토스트는 길거리 노점에 가깝다. 커피 500원, 토스트 1,500원이었다. 옆집의 붕어빵은 놀랍게도 1,000원에 6개였다. 대학가 주변에는 사주, 타로 점집이 5,000원이었다. 요즘 젊은이들이 사정이 어렵다는 것을 말없이 보여주고 있었다.

대학가에 패션 안경테가 단돈 1만 원이었다. 간식거리 소보루빵과 앙금빵, 꽈배기, 크림빵이 500원씩이었다. 무엇보다 현대시장 옆의 군만두는

전농동 벽화 골목: 추운 겨울날 벽화 앞에 섰다. 내 고향 도착한 누군가를 기다리면서 먼하늘을 보았다.

10개 2,000원이었다. 군만두는 서민들의 삶 속에 깊이 뿌리내려 대를 이어 먹는다고 했다.

　거리를 걸으면서 역시 헛걸음은 없다는 생각이 들었다. 이리저리 거닐면서 '동대문은 삶의 공간이고, 삶을 이어주는 이야기들이 있다.'라는 생각이 들었다. 걸을 때마다 동대문의 이미지들이 각인되어졌다. 여기저기 닫힌 상점들, 분주히 오가는 주민들, 벽화 거리를 보면서 동대문을 다시 만났다. 그리고 마음이 차분해지면서 몸이 가벼워졌다.

간판도
문화다

간판은 시각에 호소하는 무기이다.
간판을 스쳐지나가고 넘겨보면서
도시의 이미지는 각인된다.

더 깊이, 더 멀리, 더 높이

어디를 가도 유심히 보는게 있었다. 간판이었다. 간판이 드러내는 메시지가 가슴에 닿으면 약간 흥분이 느껴지기도 했다. 전농동 사거리를 걷다가 저멀리 새겨져 있는 글을 보고 깜짝 놀랐다.

학원 간판 문구에 "더 깊이, 더 멀리, 더 높이"가 있었다. 저 문구는 엘리자베스 브라우닝의 구절을 패러디했다. 로버트 브라우닝은 여섯 살 연상의 장애인이었던 엘리자베스의 시 세계에 빠져들었다. "당신의 시는 내 속으로 들어와 나의 한 부분이 되었습니다. 당신의 시와 당신을 사랑합니다."

이렇게 그녀에게 구애했다. 이에 엘리자베스도 감동하여 화답하였다.

"당신을 어떻게 사랑하냐고요?"

"내 영혼이 닿을 수 있는 깊이만큼, 넓이만큼, 높이만큼 당신을 사랑합니다."

간판은 시각에 호소한다

사실 선창가를 갈 때도 똑같은 흥분을 느낄 때가 많았다. 선창가의 배들의 이름을 읽다 보면, 선주들의 꿈을 읽을 수 있었다. 배들에는 낯선 항구도, 헤어진 연인도, 가고 싶은 산티아고도 만날 수 있었다. 그 이름들을 보면서 상상의 날개를 펴면 또 다른 그리움을 만날 수 있었다. 동대문구를 걸으면서 수많은 간판을 만났다. 한마디로 개발지역과 미개발지역의 혼재였다. 개발지역은 규격에 관계없이 말끔했다. 크기도 작고 요란하지도 않으면서 세련된 안정감을 주고 있었다.

밤이 와도 간판들은 은은하게 빛을 비추고 있었다. 개발지역을 중심으

장안벚꽃길 작은도서관: 벚꽃길 작은 도서관 글이 이쁘다. 책 읽는 사람들의 시선이 곱다.

로 간판도 나름대로 정비되어 가고 있었다. 다만 길을 걷다 보면 '눈에 띄면 이긴다'는 법칙을 따르는 무질서하고 혼란스러운 간판들도 많았다.

어느 도시든 도시의 분위기가 있다. 동대문구가 서울의 문을 캐치프레이즈로 내세웠듯이 간판도 서울의 문을 열고, 행복을 여는 관문의 도시로서 안정된 간판문화를 만들면 좋겠다고 생각했다.

간판은 시각에 호소하는 무기다. 간판을 스쳐 지나가고, 넘겨다보면서 도시의 이미지는 사람들의 머릿속에 각인된다. 밤이 오면 간판은 더욱 중요한 역할을 한다. 도시의 분위기를 말해준다. 동대문이 행복을 여는 공간으로 사람들에게 각인되었으면 좋겠다.

간판을 바라보는 이들의 시선을 고려하면서도 동대문의 도시적 분위기를 연출하는, 생각하는 도시의 자리를 만들었으면 좋겠다. 동대문이 만들어준 역사성과 정체성이 어우러질 수 있는 도시가 된다면 더 말할 나위가 없겠다.

골목길은
다정다감하다

이야기들이 골목길에 묻어있었다.
따사롭고 살가운 골목길이야기가
살아났으면 좋겠다.

도시는 골목의 역사다

도시의 역사는 골목의 역사라고 했다. 골목은 놀이터이고, 휴식처이며, 문화공간이다. 도시문화의 모세혈관이다. 골목은 작지만 큰 세상이다. 그러나 아파트가 들어오면서 골목은 점점 사라지고 있었다. 재개발 사업으로 골목 안 사람들은 어디론가 흩어져버렸다.

그런데 회기동과 이문동, 제기동을 걸으면서 오래된 골목을 만났다. 한번 들어가면 출구가 없는 막다른 길목도 있었다. 그렇게 길을 가다 할머니를 만나고, 자전거를 타는 아이들을 만났다. 담을 넘는 웃음소리는 덤이었다.

쪽대문 틈새로 보이는 꽃밭, 오래된 시멘트벽의 신비한 무늬와 낙서들이 정겨웠다. 길을 이어주는 골목들과 누군가 살고 있다고 알리는 문패도 오래된 추억에 젖게 했다.

골목길을 따라가면 이따금 오래된 골기와집이 있었다. 풍채도 당당한 옛집을 보고 있노라면 마음이 다소곳해졌다. 그 집에서 풍기는 사람들의 이야기와 삶의 숨결이 느껴져 왔다. 대문에 명찰처럼 달린 우편함도 맵시가 있었다. 삶의 이야기들이 골목길에 묻어있었다. 그렇게 골목길을 떠돌다 대로를 넘어서면 새로운 세계였다.

길을 걷다가 우연히 마주치는 작고 소소한 것들에서 오히려 나도 모르는 즐거움에 빠져들었다. 어쩌다 발견한 골목길이 제공하는 신선함과 경이로움을 만났다. 그리고 익숙하게 걸었던 길처럼 오래된 새로움을 느꼈다.

초등학교 때 우리는 동대문구 답십리에 있는 단층 양옥집에 세들어 살고 있었다. 골목 안에는 단층 양옥들이 즐비했었다. 그때만 해도 아이들이 많았다. 골목은 언제나 아이들로 시끌벅적대었다.

사내아이들은 축구를 하고, 여자아이들은 고무줄놀이를 하였다. 이따금 달고나 장수들이 좌판을 벌이고 아이들을 유혹하였다. 별, 십자가, 병아리 등 다양한 모양을 잘 뜯어내면 한 개를 더 주었다. 추억의 달고나 골목길이 생각났다.

희망은 언제나 길 끝에서 반짝인다

회기동의 골목길은 다정다감했다. 무엇보다 메아리 길은 주민들이 잃어버린 소통을 회복하는 길이었다. 주민들이 화단을 가꾸는 화합의 장이었다. 마을 쉼터와 화단, 벽화조성을 통해 행복한 삶을 가꾸어가고 있었다. 그리고 회기동 안녕마을 역시 인상적이었다. 깨진 유리창 이론을 안

회기동 안녕마을: 희망은 언제나 길 끝에서 반짝인다.

녕마을에 접목하여 마을을 가꾸었다. 실제로 안심귀가 등으로 마을의 범
죄율도 낮아지고 있다고 했다.

스스로 마을의 안전순찰을 하고 마을 안심축제의 장을 만들어가면서
거닐고 싶고 다시 찾고 싶은 행복한 터전을 만들어가고 있었다.

안녕마을은 벽화와 글, 아름답고 소박한 그림들이 있어 좁은 골목길이
새로워졌다. 무엇보다 소원을 들어주는 우물 이야기를 복원해놓은 것이
인상적이었다.

옛날에 이 우물에 금빛 잉어가 살고 있었다. 마을 사람들은 소원을 들
어주는 잉어라고 신성시했다. 어느 날, 홍수가 나서 우물 속을 치웠더니
금빛 잉어는 사라져버렸다. 그래도 마을 사람들은 우물에서 손을 씻으면

금빛 잉어가 다시 나타날 거라고 기대하면서 소원을 빌었다. 사람들이 만들어낸 이야기에 불과하겠지만 서로 이야기를 공유하면서 공동체적 유대감을 이어가는 것이 좋아 보였다.

벽화, 글, 골목이 인상적이었다. '희망은 언제나 길 끝에서 반짝인다.'는 소망이 눈길을 끌었다. 이정표에 안녕마을 끝을 알리는 표시가 보였다. 나는 이 골목길을 좋아하게 되었다. 이집 저집을 기웃거려 보면서 그곳에 스민 삶의 냄새들에 고스란히 젖어 들었다.

골목은 그냥 무심히 지나가 버릴 수도 있는 공간이다. 평범한 서울의 오래된 골목길일 뿐이었다. 나에게도 그저 걷다 보니 우연히 만난 골목길들이었다. 그러나 동네 골목을 자주 지나다니면서 골목길들과 친해졌다. 처음에는 보이지 않던 이야기들이 나에게 말을 걸기 시작했다. 그래서

홍릉길 막다른길: 막다른 길 이정표가 정겹다. 어디로 갈까?

그 이야기에 주의를 기울이기 시작했고, 평범한 이 골목길들이 수많은 이야기로 가득 차 있는 이야기의 보물섬이라는 사실을 알았다.

예전에는 알지 못하던 길을 알게 되었고, 골목길을 걸으면서 문득 '좁고 가늘고 구불구불한 길'에서 사라져 가는 것들을 안쓰러워했던 사람들이 기억났다.

재개발, 재건축같은 재정비 바람이 불어와도 골목길 사람들은 마지막까지 골목길을 지켜가면서 조촐하게 마을들을 안쓰럽게 지켜가고 있었다. 작고 소소하지만, 바로 이 작고 소소한 살림에서 이웃끼리 서로 아끼면서 보듬는 모습을 볼 수 있었다. 바야흐로 골목집에서 빌라로, 아파트로 바뀌고 있는 시대임에도 여전히 바지랑대와 빨랫줄이 있었고, 사각 스티로폼에 흙을 담는 꽃 그릇이 소담하게 남아있었다. 오래된 골목길이 오래가는 마을 이야기를 꽃피울 수 있도록 우리도 골목길의 고운 삶터를 고스란히 살렸으면 좋겠다. 그래서 따사롭고, 살가운 '골목길 이야기'가 살아날 수 있으면 좋겠다.

세상의 절반은 어떻게 사는가?

세상의 절반은 나머지 절반이
어떻게 살고 있는지 모른다.

오래된 골목들이 숨을 쉬고 있다

이문동을 걸었다. 이문동은 재개발 구역의 건설로 숨이 가쁘게 움직이고 있었다. 여기저기 공사장 울타리가 둘러쳐져 있었다. '서울의 문, 꿈을 여는 문, 동대문'임을 알려주었다.

그런데 재개발 구역과 멀지 않은 다른 한쪽 구석엔 아직도 재개발을 기다리는 단독주택 밀집지역이 있다. 집들이 힘겹게 다닥다닥 붙어 있었다. 오래된 골목들이 저마다 숨을 쉬고 있었다.

그렇게 걷다가 놀라운 장면을 보았다. 할머니 한 분이 리어카에 폐지를 잔뜩 얹고서 머리를 숙이고 리어카를 하염없이 밀면서 가고 계셨다.

"할머니 도와 드릴까요?"

"됐어요. 고마워요!"

할머니는 아무 말 없이 땅만 하염없이 바라보며 리어카를 밀면서 가고 계셨다. 할머니 어깨를 누르는 삶의 무게를 보고서도 어찌해볼 도리가 없이 그저 바라만 보았다. 문득 130년 전 뉴욕 빈민가를 사진에 담아서 큰 반향을 불러일으켰던 고전이 생각났다. 이 책에서 저자는 "세상의 절반은 어떻게 사는가"(제이컵 A. 리스)라는 질문에 "세상의 절반은 나머지 절반이 어떻게 살고 있는지 모른다"는 답으로 이야기를 풀어나갔다.

우리는 지금 어떤 마을에 살고 있는가?

"내일 당장 가지고 있는 소중한 것을 전부 팔아도, 이 나라에서 집과 땅을 살 수 있는 사람은 한 명도 없어요"

당시 뉴욕의 노동자들은 이렇게 절규했다. 저자는 "가로세로 4m×4m에서 12명이 잠들었다. 공동주택 지역 어디를 가도 사람들로 초만원을 이

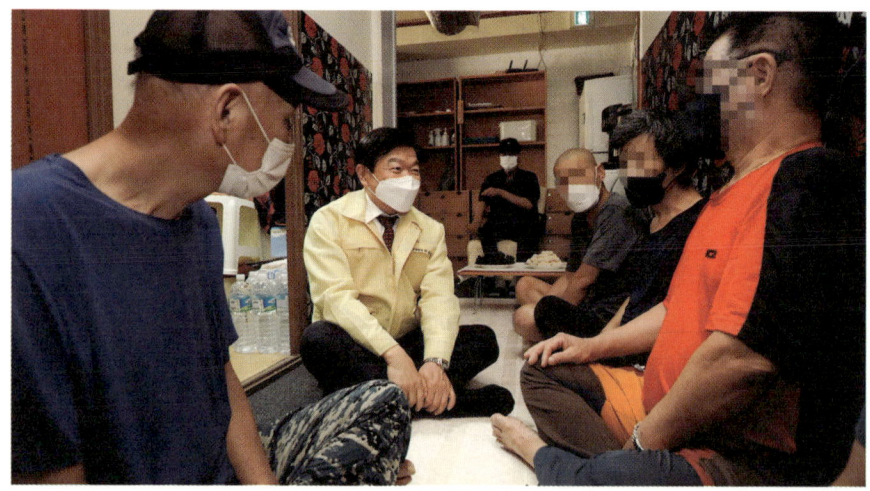

고시원 쪽방: 고시원 쪽방에서 '세상의 절반은 어떻게 살고있을까'를 생각했다.

루었다. 이들은 하루에 6센트의 열악한 잠을 잤다"라고 암울한 당시의 상황을 묘사했다.

당시 미국인들은 '공동주택도 빈민도 없앨 수 없다'라면서도 공동주택 개혁이야말로 뉴욕의 빈민문제를 해결할 핵심요소로 보았다. 이를 통해 빈민문제 해소의 돌파구를 찾으려고 노력하였다. 그럼에도 불구하고 아직도 많은 노숙인이 존재하는 것을 보면 가난은 인류의 영원한 숙제로 보였다.

나는 할머니의 리어카를 보면서 오늘 우리의 현실도 다르지 않음을 깨달았다. '어떻게 해야 할까? 우리는 지금 어떤 마을에 살고 있는가?'를 스스로 물었다. 그러면서 '우리를 안전하게 데려갈 단 하나의 다리는 정의 위에 세워지고, 인간의 마음으로 지어진 다리다'라고 말하는 사람들의 주장이 가슴에 닿았다.

거리벽서에는 자유가 있다

네 삶의 주인은 바로 너다.
신념은 자유다.
-거리의 벽서

마음의 눈으로 세상을 보자

동대문을 걸으면서 동대문의 또 다른 목소리를 들었다. 우연한 기회였다. 동대문을 마음가는 대로 걷다가, 예상치 않게 기분 좋은 벽서들을 만날 수 있었다. 벽서라고 해서 대정부 투쟁문이 아니었다. 길을 걷다 우연히 여기저기 기분 좋은 잠언 같은 언어들을 만날 수 있었다. 애교있고 정겹게 그림과 함께 새겨진 갤러리 벽들이 많았다.

마음의 눈으로 세상을 보자. 세상이 조금 더 아름다워질 수 있다면 좋겠다는 소망이 많았다. 우리는 어려운 것에 집착해야 한다. 자연의 모든 것들은 어려운 것을 극복해야 자신의 고유함을 지닐 수 있다고 했다. 아픈 경험이나 참기 힘든 고통…… 이 세상을 의미 있게 살기 위해 반드시

겪어야 하는 통과의례를 거쳐야 비로소 삶에 눈을 뜨게 됨을 깨달아 갔다.

"네 삶의 주인은 너다. 신념은 자유다."

이 벽서를 한참동안 바라보고 서 있었다. 희망은 언제나 길 끝에서 반짝이고 있음을 알았다. 내 기억 속의 벽화들은 사회문제이고 고발이고 계몽이었다. 우리네 삶의 가장 소중한 가치들이 삶의 한가운데에 벽서로 자리 잡는 것을 보았다.

정신은 언제나 모든 억압에 맞서서 스스로 지키는 법을 배우고, 정해진 틀에 따라 생각하는 것에 대해 저항하는 법을 배운다고 했다. 나는 스스로를 지키는 법을 배웠나? 나는 정해진 틀을 벗어나 저항할 힘을 배웠나? 거리의 벽서들을 보면서 스스로에게 물었다.

안녕마을 벽화: 네 삶의 주인은 너다. 신념은 자유다.

어느 눈 오는 날의 밥 퍼 논란

밥퍼가 시작된 1988년에는 밥퍼 운동에 공감했다.
밥퍼가 30년을 넘어서면서
지역주민들이 불편을 호소했다.

밥 퍼! 그래 밥 퍼!

2022년 1월 19일 청량리 지하도는 눈발이 날렸다. 여러 겹의 옷을 걸친 어르신들이 줄을 서서 밥을 타고 있었다. 뉴스에는 서울시와 다일공동체 측 간 증축 건축물의 허가문제를 둘러싸고 날이 선 공방이 이어지고 있었다. 지하도에는 스티로폼 박스와 밥과 3종 반찬, 귤, 마스크 등이 담긴 나눔 봉투가 널려있었다. 매일 줄잡아 500인분의 식사가 제공되었다. 관계자들은 말이 500인분이지 사실상 밥 공장을 방불케 한다고 했다. 최일도 목사는 34년째 무료급식소를 운영해왔다.

기자 3명이 어르신들을 대상으로 취재하고 있었다. 어르신들은 "서울시가 무엇을 하는 거냐?"고 반문하면서 서울시의 처사를 못마땅해하는 목소리가 대부분이었다. 여론은 다일공동체의 손을 들어주고 있었다.

영하의 추위에 쭈그리고 앉아 먹는 모습들이 안쓰러웠다.

"빨리 증축이 되어야 건물 안에서 밥을 먹는데……"

"원래 건물 안쪽과 마당에서 먹었다. 아무리 밥을 빌어먹어도 굴다리 아래는 너무 심하다."

볼멘소리들이 이어졌다. 사실 코로나가 장기화되면서 각 구청의 복지관이 문을 닫고 있다고 했다. 그러다 보니 서울지역의 저소득층 어르신들이 어디서도 밥 먹을 데를 찾기 어렵다고 생존의 문제를 호소했다.

주민들은 또 다른 아픔이 있었다

한편 청량리를 비롯한 재개발지역 주변 주민들은 "밥퍼 다일공동체의 긍정적 기능을 이해하면서도 사실 재개발 주변 마을에 노숙인들과 방치된 어르신들로 저녁에 골목길 다니기가 무섭다"라면서 행정당국이 조속히 재개발도 마무리하고, 밥퍼공동체도 지혜를 모아 운영해줄 것을 요청하는 목소리들을 전했다.

그래도 다행인 것은 서울시와 다일 공동체 양측이 증축한 무료급식소를 기부채납한 후 고발을 취하하기로 합의함으로써 갈등해소의 가닥을 잡았다는 것이다. 어려운 이웃을 위해 밥 한 그릇 나누는 '밥퍼'를 유지할 수 있다고 했다.

다일공동체 증축문제는 사회적 약자들을 향한 시민들의 관심을 불러일으켰다. 아무리 국가가 가난의 문제를 해결하기가 어렵다고 해도 배고픔의 문제는 우리 사회가 해결해야 할 절실한 과제임을 새롭게 일깨웠다.

그러나 밥퍼는 또 다른 아픔이 있었다. 주변의 주민들은 밥퍼 30여 년 역사가 이어지면서 본의 아니게 피해를 보았다. 밥퍼가 시작된 1988년에는 밥퍼 운동에 공감했다. 밥 없는 사람의 밥을 이어주는 데 이의가 없었다. 하지만 밥퍼가 30여 년을 넘어서면서 지역주민들이 불편을 호소했다. 주민들은 자녀들의 통학권, 여성들의 통행권, 주민들의 안전한 생활권을 요구했다. 주민들의 요구는 그냥 넘길 수 만은 없는 이슈가 되어갔다.

청량리: 청량리는 새롭게 태어나고 있었다. 밥퍼와 주민들은 세상을 다른 눈으로 보고있었다.

청량리는 다시
태어나고 있었다

저녁의 정거장에 검은 구름이 멎는다.
그러나 추억은 황량하다.
미안하지만 나는 이제 희망을 노래하련다.
-기형도, 정거장에서의 충고

청량리는 지나가는 역이 되었다

동대문을 걸으면서 생각했다. 동대문의 중심거리는 어디일까? 일말의 망설임도 없이 단연코 '청량리'였다. 지도상으로 보아도 청량리는 동대문의 구심점이었다. 청량리역을 중심으로 지하철 1호선과 KTX, 경춘선이 연결되어 있었다.

무엇보다 청량리는 경기동부지역의 종착역이고, 중앙선의 출발지였으며, 청량리 시장과 경동시장이 맞닿아 있는 서민 생활의 중심지 역할을 톡톡히 하고 있었다.

청량리는 과거 동부지역 사람들의 중심지였다. 주민들은 청량리를 통해 도심지로 들어갔다. 70년대 시계탑광장의 옛 사진들을 보면 그야말로

청량리역: 지금 당장 답을 찾을 수는 없다. 시간을 기다리다보면 답이 올것만 같았다.

인산인해였다. 그러나 아쉽게도 청량리역은 사람들이 머무르지 않고, 거쳐 지나가는 역이었다. 무엇보다 문화시설이 눈에 띄지 않았다. 책방은 물론 음반 가게 역시 없었다. 영화관은 백화점 속에 숨겨져 있었고, 청량리를 이어주는 따뜻함이 없었다.

나는 이제 희망을 노래한다

현재 청량리는 다시 태어나고 있었다. 변화의 핵심은 주거지와 교통이었다. 주거지는 환경을 바꾸고, 교통은 세상을 보는 방식을 바꾸었다. 무엇보다 재개발이 한창 진행 중이었다. 60층이 넘는 고층빌딩이 들어서기 시작했고, 주변 지역도 고층아파트 숲으로 변신을 하고 있었다.

청량리역은 GTX(광역급행철도) 2개 노선의 환승역으로 재탄생할 예정이었다. 이에 대한 기대감으로, 낙후된 구도심이라는 옷을 벗고 새로운

광장: 광장은 젊음이 있었다. 이것이 축적되면 청량리는 문화가 될 것이다.

모습으로 단장하며, 기지개를 활짝 펼칠 준비를 하고 있었다.

문득 "저녁의 정거장에 검은 구름이 멎는다. 그러나 추억은 황량하다" "미안하지만 나는 이제 희망을 노래하련다"라며 절망의 끝자락에서도 희망을 품던 기형도 시인의 '정거장에서의 충고'의 한 구절이 생각났다.

청량리가 황량한 추억을 넘어 희망의 청량리가 되기를 기원했다. 앞으로 청량리가 문화가 살아있고, 청량리의 숨결을 담은 서울의 도시공간으로 다시 태어났으면 좋겠다.

시장풍경은 아름답다

"추운데 힘드시겠어요?"
"세월을 그렇게 살았어요!"

연륜은 사물의 핵심에 도달하는 길이다

사람들이 북적이고 와글거리는 곳, 시장이다. 오늘같이 추운 날은 북적이는 사람들 속에 섞이는 것만으로 힘이 난다. 여기저기 목소리들이 살갑다. 가격을 흥정하는 모습도 정겹다. 장을 보러온 할머니는 한 푼이라도 깎으려 안간힘을 쓴다. 상인도 남는 게 없다면서도 못내 땅콩 한 줌을 더 얹어 놓는다.

시장은 어딜 가도 삶의 활력이 있고 열망이 있다. 시장 풍경은 어디를 가도 아름답다. 삶의 체취가 고스란히 묻어난다. 시장은 사람들이 모여 아름다운 풍경을 만든다. 어디를 돌아봐도 삶의 온기가 묻어난다. 아니 싱싱하다.

세월의 골이 깊게 팬 할머니가 행상하고 계신다. 나도 쪼그리고 앉는다. 할머니의 고된 세월이 손목 마디마디에 묻어있다.

"추운데 힘드시겠어요?"

"세월을 그렇게 살았어요!"

연륜은 사물의 핵심에 도달하는 길이라고 한다. 그렇다. 나도 그렇게 살아왔고 또 그렇게 살아갈 것이다. 청량리시장, 경동시장, 청량리, 회기역 주변 거리를 비롯하여 도로 주변 곳곳에 가설지붕을 친 노천시장이 선다. 생선가게, 토스트 등 간이음식점, 채소와 야채, 어묵, 떡볶이, 붕어빵을 파는 간이 상점이 늘어서 있다.

청량리시장과 경동시장, 그리고 청량리역사는 동대문의 심장 역할을 하고 있다. 모든 움직임과 순환의 중심 역할을 하고 있다. 이들 시장과 청량리역사를 활성화하는 것은 동대문을 살리는 가장 중요한 핵심축으로 보인다.

청량리시장과 경동시장을 거닐면서,

"절렁절렁 소리를 내며 조선달이 그날 산 돈을 따지는 것을 보고 허생원은 말뚝에서 넓은 휘장을 걷고 벌여놓았던 물건을 거두기 시작하였다"라는 <메밀꽃 필 무렵>의 봉평 장터 허생원이 생각났다. 5일장을 찾아다니는 장돌뱅이의 애환 속에서도 삶의 터를 지켜내었던 장터였다. 그러나 교통의 발달과 소비형태의 변화로 많은 전통시장이 제 역할을 잃어갔다. 허생원의 봉평장터처럼 오늘의 전통시장들은 설 자리가 없어지고 있었다.

이제 전통시장을 살려야겠다

전통시장을 살리겠다는 목소리들이 분분하였다. 정부도 시장상인들도

전통시장: 전통시장은 새로움을 찾아 꿈틀댔다. 더 좋은 미래를 꿈꾸고 있다.

전통시장 활성화를 위해 각고의 노력을 기울였다. 전통시장마다 다양한 먹거리를 만들고 손님 눈높이에 맞는 상점 현대화와 불편 해소를 위해 노력하였다. 그렇게 하여 전통시장이 갖는 넉넉한 인심과 푸근한 정겨움을 어느 정도는 지켜내고 있었다. 그러나 다른 전통시장과 마찬가지로 청량리시장과 경동시장은 전통시장 살리기 정책에도 아직은 낙후되어 있었다. 주변 건물들은 흉물스럽게 낡아 재개발을 기다리고 있었다. 무엇보다 주차장 문제는 조속히 해결되어야 할 시급한 과제였다.

소비자들의 구매행태가 급속히 변화하고 있었다. 유통구조도 변화를 요구받고 있었다. 이와 같은 상황에서 상인들과 동대문구청이 발 벗고 나서서 청량리시장과 경동시장을 쇄신하여, 동대문의 심장의 역할을 할 것으로 보였다. 청량리시장과 경동시장의 정취와 특성을 살리는 종합대책을 마련하여 꼭 가보고 싶은 전통시장으로 만들어야겠다.

상품과 문화가 공존하는 청량리시장과 경동시장이 동대문 대표시장으로서 인근 상권과 지역사회의 동반성장을 주도하는 선도시장의 역할을 해나갔으면 좋겠다.

길 위에서
누군가
길을 물었다

길 위에서 시간이 흐르고,
시간 속으로 길들이 이어졌다.
문득 내가 서 있는 길이
나의 삶처럼 보였다.

나는 지금 길 위에 서있다

동대문은 수많은 길로 이루어졌다. 길은 하나의 생명체처럼 유기적으로 이어져 그 길을 따라 걷다 보면 길의 이름도 알게 되었다. 그리고 동네의 분위기도 알게 되었다. 걷다 보면 동네마다 그 동네 특유의, 사람들의 살아가는 터전과 모양이 눈에 들어 왔다. 매번 걸을 때마다 나를 벗어버리고, 장소와 거리의 움직임에 나를 맡겼다.

오로지 보이는 것과 들리는 것, 몸이 느끼는 감각에 집중하였다. 그렇게 걷다 보면 생각도 없어졌다. 동대문과 함께 오롯이 걷는 데만 집중할 수 있었다. 그대로 동대문의 품에 안길 수 있었다.

생각하지 않으면서 살면, 사는 대로 생각하게 된다고 했는데, 생각하지 않으면서 걷다 보니, 걷는 대로 생각하게 되었다. 길 위에서 시간이 흐르고, 시간 속으로 길들이 이어졌다. 문득 내가 서 있는 길이 나의 삶처럼 보였다. 길을 가다 이정표 앞에 멈춰서서 눈인사를 했다. 이정표 앞에 서 있으면 묘한 설렘이 가슴을 뭉클하게도 한다. 이정표에 적힌 마을의 이름 앞에서 색다른 감흥을 느꼈다.

 마을에 사는 사람들의 삶과 시간이 느껴져 왔다. 지명 속에는 과거와 현재, 사랑과 추억의 풍경들이 묻어났다. 마을의 이름이 만들어내는 아우라가 주는 행복한 순간을 만났다. 답십리에는 내게 서커스단의 모습과 보리피리를 불고 지났던 그 길이 지닌 추억이 고스란히 담겨 있었다. 답십리의 판자촌은 없어졌어도, 길의 형태는 내 마음속에 그대로 남아있었다. 아파트촌이 빽빽이 들어섰어도, 길 속에 녹아든 마음속 풍경에, 가슴이 벅차올랐다.

회기동 골목길: 길은 내 마음 속에 남아있었다. 길 속에 녹아든 마음 속 풍경에 가슴이 박차올랐다.

50년이 흘렀어도 변하지 않는 것이 있었다. 답십리라는 원형과 공간, 그 속에 배어있는 길의 형태들, 땅의 힘, 그것들이 어쩌면 우리의 행복을 붙잡고 있는 뿌리인지도 모르겠다. 답십리를 걸으면서 좁은 골목길이나 경사진 언덕길에서 잃어버렸던 어린 시절의 아득한 추억들이 스며 나왔다. 아득하게 살았던 내 어린 시절 시간의 흔적들이 나에게 어른거렸다.

"동대문구! 고맙다!"

'Tom and Judy' 참고서를 찾아 헌책방을 누비고 다녔다. 친구에게 몽테크리스토 백작을 빌리기 위해 한참을 서서 기다렸다. 전학을 온 나에게 축구는 할 줄 아느냐고 물었던 친구가 문득 떠올랐다. 그 시간이 있었기에 어려운 시간을 만났어도 다시 일어설 힘이 내게 있었던 것 같았다.

동대문을 걸으면서, 내가 살았던 답십리를 중심으로 동대문의 지형지물이 머리에 익혀졌다. 답십리는 나의 심리적 거점이었다. 동대문 어디를 가더라도 길의 꼴이 매듭으로 이어져 있었다. 길과 길이 연결되어져 있었다. 어떤 곳을 가더라도 이 길이 어디로 이어지는지 몸이 먼저 알았다.

길 위에서 누군가 길을 물었다. 길 속에서 불현듯 그리워지는 시간이 있었다. 길 위에서, 시장 거리에서, 지하철 안에서, 골목길에서 알 수 없는 삶의 꿈들이 움텄다. 한없이 가슴이 풋풋해지며 따스한 추억들이 마음속 깊이 스며들었다.

그렇게 동대문의 길 위를 걸었다. 그것은 누구보다도 내게는 50년을 거슬러 과거의 나를 찾는 의식인 것만 같았다. 그렇게 걷다 보니 피로감도 느껴지지 않았다. 동대문 속을 여기저기 나도 모르게 하염없이 걷다가 집에 돌아오면 기분 좋은 피로감과 행복감에 빠져들었다.

오늘 하루를 걷다가 뜻밖에 마주친 사소한 발견들이 마냥 즐겁기만 하였다. 추운 겨울을 이기지 못해 쓰러져 있는 줄기에 힘겹게 매달려 있는 잎새들, 창문 베란다에 햇볕을 받는 붉은 제라늄, 오래된 담벼락에 그려진 그림의 흩어져 알 수 없는 무늬를 물끄러미 바라보았던 나의 눈길을 생각하면서 마냥 즐거웠다.

잘 왔다. '동대문! 고맙다!' 동대문을 되뇌었다. 그리고 스스로 나는 오늘 삶의 경이로움을 느낄 수 있는 행복한 존재가 되었다. 아니 스스로 새로워지고 있었다. 그리고 나는 행복하게, 꿈도 꾸지 않는 깊은 잠에 빠져들었다.

동대문을
사랑하는 사람들

동대문은 이야기로, 골목길로,
소소하지만 행복한 터전으로 연결되어
있음을 다시 한번 확인하였다.

추억은 내가 지켜야 한다

'용두동 752-4'는 30분 정도의 단편영화였다. 엄마와 아들, 딸 3명이 살았던 용두동 재개발지역 집에는 엄마의 유물이 남아있었다. 엄마가 시집오기 전 거금 5만 원에 장만했던 유물이었다.

이들은 애물단지가 되어버린 고색창연한 장롱을 처분하려 재개발지역에 모였다. 그리고 이것을 고물상에 팔아넘기기로 했다. 여기서 반전은 엄마가 고물상 주인에게 장롱값을 받는 대신 장롱을 맡아준 데 대해 '고맙다'라면서 오히려 돈을 건네준 것이었다. '장롱을 팔지 말고 잘 써달라'면서 장롱은 넘겨주지만 추억만은 남에게 넘겨주지 않으려는 엄마의 애틋함이 인상적이었다.

엄마는 자신의 추억을 고집스럽게 지켜가려고 자식 둘과 함께 끝내 용두동을 찾아와 장롱을 처분하였다. 어쩌면 추억은 내가 지켜야 할 몫이었다. 그러면서 또 다른 나의 용두동을 지켜가는 다른 사람들을 만날 수 있었다. '즐거운家 용두동집'은 지하 동네극장, 1층 동네 책방, 2층 공용 주방과 사무실, 3층 공동체 가족으로 이루어져 있었다. 청년밥상, 맘스 공유부엌을 운영하면서 생활공동체를 활기 있게 운영하고 있었다.

동대문에는 소소한 행복의 터전들이 있다

이문동에는 주민을 위한 '우리동네 연구소'가 인상적이었다. 회원들은 20~30대 청년들이라고 했다. 이들은 처음엔 골목에 무단투기한 쓰레기를 줍는 봉사활동으로 시작했다. 지금은 텃밭과 녹지, 화단 가꾸기에 역점을 두면서 동네 사람들이 자유롭게 모이는 공간으로 만들었다. 주민소통의 장이 되었다.

장령당 도당제: 마을마다 삶의 혼을 이어가는 전통이 있었다. 동대문은 맥이 살아있었다.

그리고 회기동에는 '회기동 사람들'이 있었다. 경희대로 4길을 중심으로 주민과 지역상인 청년들의 네트워크로 시작하였고, 경희대로 4길에 문화를 심었다. 청춘의 향기, 상생의 향기, 소소한 추억의 향기가 있는 마을을 목표로 청년 밥 모임, 고요한 영화제, 소소한 사진전을 이어가고 있었다.

이와 함께 마을 주민의 번영과 주민의 안녕을 기원하는 휘경동의 영신제, 청량리동과 회기동의 산신제, 답십리1동 장령당제, 전농1동 부군당제를 열어 전통문화 계승과 주민들 단합에 힘을 기울이고 있었다. 또한 1960년대 답십리에는 영화촬영소가 건립되었다. 60년대를 대표하는 영화 '검사와 여선생'을 모티브로 디지털미디어 아트센터를 열었다. '검사와 여선생'은 당시 김지미 씨를 대중들에게 강렬하게 각인시켰던 영화였다. 이 촬영소를 기리기 위해 어린이 창작영화제인 '아해영화제'를 만들어 이어갔다.

자신의 마을과 골목을 사랑하는 사람들이 있었다. 동네 골목에 숨겨진 감춰진 역사의 숨결을 이어가는 맥이 있었다. 자신들의 소중한 이야기를 나누는 따뜻한 온기가 살아 숨 쉬고 있었다. 동대문은 이야기로, 골목길로, 소소하지만 행복한 터전으로 연결되어 있음을 다시 한번 확인하였다.

백로를
만났다

내 앞에서 백로를 보면서 경이로움을 느꼈다.
백로가 가혹한 비행을 극복한 것처럼
어떤 힘든 현실도 넘어설 수 있는
시간을 살았으면 좋겠다.

머잖아 봄이 오겠구나!

저녁 어스름이 내려가고 있었다. 눈발도 멈추었다. 나는 정릉천을 걷고 있었다. 정릉천은 저녁이 되자 바람이 얼음처럼 차가웠다. 60을 넘은 삶이 무거운 짐처럼 다가서고 있었다.

차가운 저녁 빛 속에서 백로 한 마리가 물 위에 내려앉았다. 백로는 하천 변을 유영하였다. 내가 자기를 쳐다보고 있다는 것을 전혀 괘념치 않았다. 물끄러미 백로를 쳐다보면서,

'겨울이 깊었구나! 머잖아 봄도 오겠구나!'

그렇게 생각에 잠겨 한참을 바라보았다.

문득 백로가 나를 쳐다보았다. 아니 나와 마주 섰다. 정릉천 주변에 우

리 둘 외에 아무도 없는 것처럼. 백로는 한참을 호젓하게 아니 외롭게 한 다리로 서 있었으나 그 모습이 내게는 말할 수 없는 평화를 가져다주었다. 마치 내게 내일의 서광을 예시해주는 길조처럼 여겨졌다.

행복은 작은 것들로 이루어져 있다

백로를 보니 감회가 새로웠다. 물론 나도 사소한 사건을 확대해석하는 우를 범하고 있는지도 모르지만, 그 순간만큼은 이 세상을 한발 벗어나, 또 다른 세계로 옮겨간 듯 나와 백로와의 완전한 합일을 느꼈다. 무엇인가 신성한 순간처럼 나를 미화하고 있는 건지도 모르겠다.

백로는 예로부터 길조로 여겨져 왔고, 정릉천 변에서 만나니 내게는 의미가 더 남다르게 다가왔는지도 몰랐다. 거기에 백로는 동대문구 장한평 쪽에서 많이 서식해왔던 새로 알려져 있었다. 그래서 동대문구를 상징하는 새이기도 했다. 그 백로 한 마리를 이 순간 만난 것이다. 그 친구는 고맙게도 내게 무려 10여 분이나 아름다운 자태를 보여주었다. 냇가에 가까운 물 위에 몸을 맡긴 채 나를 빤히 쳐다보았다. 행복은 작은 일들로 이루어져 있음을 알았다.

설핏 지나가는 그 친구의 눈빛을 훔쳐보면서 알 수 없는 흥분과 이상한 평온함이, 강렬한 행복감이 다가왔다. 먼바다의 푸른 빛을 동경하면서 자유로운 비상을 꿈꾸는 듯 보였다. 그 순간의 경이로움이 가슴을 벅차게 했다. 이어 도시의 숲에 빛의 꽃가루가 뿌려졌다. 희고 따뜻하고 순수한 불빛 속에서 꿈의 냄새가 났다.

혹독한 추위를 이기려 가혹한 비행을 불사하고 내 앞에 선 백로를 보면서 경이로움을 느꼈다. 나도 백로가 가혹한 비행을 극복한 것처럼 어떤 현실도 넘어설 수 있는 삶을 살았으면 좋겠다.

동대문의
정체성

선농단의 향나무는 500년의 풍상을 겪었다.
향나무는 역사의 숨결을 지켜보면서
동대문을 지키고 있었다.

동대문은 사대문 밖 첫동네였다

눈이 내리고 있었다. 제기동을 찾았다. 제기동(祭基洞)이라는 이름은 '제사를 지내는 터'라는 데서 붙여졌다. 제기동에 선농단이 있었다. 경복궁을 중심으로 우측에 사직단을 두고, 좌측에 종묘, 그리고 흥인지문 밖 평야 지대에 선농단을 두었다.

선농단(先農壇)은 조선 시대에 신농(神農) 씨와 후직(后稷) 씨에게 임금이 친히 제사를 지냈던 곳이었다. 제례 후 임금은 풍년을 기원하면서 친히 경작의 시범을 보였다. 조선 시대 애민사상을 보여주는 문화유산이었다. 애민실천의 일환으로 왕실은 백성들에게 소를 잡아 국밥을 내렸다. 이것이 선농탕, 설렁탕의 유래였다.

제기동 사람들을 비롯해 동대문을 사랑하는 사람들은 선농단을 지역의 자랑으로 손꼽았다. 동대문의 역사성과 뿌리에 자부심을 보였다. 선농단 이외에도 제기동에는 보제원 터가 있었다. 보제원은 조선시대에 여행자에 대한 무료숙박과 의지할 곳 없는 병자에 대한 치료를 담당하던 구휼기관이었다. 그 보제원 터에 서울 약령시가 자리하고 있었다.

동대문구는 애민사상의 뿌리가 있다

이에 잇닿아 있는 이야기가 또 있었다. 바로 전농동이었다. 전농동 동명은 조선 600년 동안 임금이 친히 경작하던 적전(藉田, 일명 전농)이 있던 데서 유래하였다. 그래서 전농동은 밭 전(田)자를 쓰지 않고 가르칠 전(典)자를 썼다. 임금이 친히 백성들에게 농사의 모범을 보이며 가르쳤다는 의미였다.

골목길: 골목길은 골목마다 삶의 무늬가 있었다. 나의 여행이 시작되었다.

제기동과 전농동은 조선시대 왕실의 농사와 친경(親耕)의식을 집전했던 지역이었다. 흥인지문 밖 평야 지대에서 왕실은 백성들에게 직접 풍년을 기원하면서 백성을 사랑하는 마음을 키웠다. 이러한 선농제와 풍년기원제 의식이 동대문에 남아 있었다.

선농향: 500년의 풍상을 겪었다. 향나무는 역사의 숨결을 지니고 있었다. 동대문을 지키고 있었다.

이와 함께 동대문의 정체성을 나타내주는 장소로 성동역 옛터를 들 수 있겠다. 성동역 터는 성동구가 아니라 동대문구 제기동에 있었다. 1939년부터 1970년까지 경춘선 시발점의 역사로 이용되었다. 경동시장과 경춘지역을 연결하는 교통의 맥이었다.

동대문이 동부지역의 교통관문 역할을 하였다는 산 증거였다. 지금도 청량리역은 동부지역 부도심 기능을 담당하고 있었다. 중앙선과 경춘선 등 동북부 지역을 연결하는 철도망을 잇는 교통망의 거점 역할을 하고 있었다.

나의 시선을 끌었던 나무가 있었다. 선농단 입구에 자리한 향나무였다. 5백 년의 풍상을 겪었다. 그렇게 긴 세월을 온전히 버틴 것이 놀라웠다. 향나무의 당당한 모습, 바위나 땅이 아닌 살아있는 생명체 중에서는 이 나무가 동대문에서 가장 오랜 삶의 이력을 갖고 있었다.

나는 마음을 모아 합장을 했다. 동대문에서 우리의 삶과 가장 가까운 자리에서 우리와 함께 풍상을 겪은 나무였다. 나무는 옛날부터 하늘과 땅을 연결하는 통로였다. 인간의 뜻을 하늘에게 전해주었다.

하늘에서는 여전히 눈이 내리고 있었다. 가만히 향나무를 쳐다보면서 그 오랜 세월 참 힘들었겠다는 생각이 들었다.

어째서 지금까지 몰랐을까? 저 높은 것이 왜 눈에 띄지 않았을까? 왜 가던 길 멈춰 서서 주위를 돌아보지 않았을까? 500년을 살아온 나무를 보면서 동대문의 심장같다는 생각을 했다. 이 나무를 보아야 동대문을 제대로 봤다고 말할 수 있을 것이다.

배봉산
에서

햇살 속에서 새들의 비상은 눈부셨다.
태양과 새들은 오늘도 하늘을 지키고 있었다.

배봉산은 넓은 세상을 보게 해주었다

동대문을 걸으면서 배봉산(108m)을 꽤 많이 올랐다. 휘경원 터를 찾으러, 일출을 보러, 때로는 그냥 걷고 싶어서 올랐다. 그리고 언제든 삶의 무게가 느껴질 때면 배봉산을 배회했다.

그러다 배봉산 일출을 가로지르는 한 무리의 새 떼들을 보았다. 햇살 속에서 새들의 비상은 눈부셨다. 태양과 새들은 오늘도 하늘을 지키고 있었다.

나는 다시 한번 새로운 꿈을 꾸며 새해를 시작하기로 했다. 그래도 세상은 살 만한 곳이라는 확신을 지니고 새로운 꿈을 꾸기로 했다. 배봉산은 전농중학교 시절 친구들과의 놀이동산이었다. 산을 넘어 집으로 가는 길이었다. 나만의 상상의 세계로 이끌었던 산이었다. 배봉산 정상은 일상에서 보지 못했던 넓은 세상을 보게 해주었다. 내게 삼각산과 용문산을 상상케 했던 경탄의 순간을 떠올려 주었다. 나는 배봉산에서 상승의 꿈을 꾸었다.

예전과 달리 배봉산은 주민들에게 도시의 산책로이고, 운동의 터전이고, 소통의 장이 되었다. 사람들은 한겨울인데도 배드민턴을 치고, 걷고, 간이 운동 시설에서 자신을 끊임없이 단련했다. 이것도 니체처럼 고통을 견디는 훈련처럼 보였다. 자신을 강화하고 스스로를 고양하면서 상승하는 모습처럼 느껴졌다.

나는 내가 사는 길목으로 다시 돌아왔다

배봉산에서 지는 해를 바라보았다. 나는 바닷가 노을만을 낭만적이라 생각해 왔다. 그런데 오늘 배봉산 노을이 하늘을 채웠다. 아니 동대문을 가득 채우는 장관을 마주했다.

노을빛이 스러졌다. 동대문은 어둠에 잠기기 시작하였다. 노을 속 저녁 빛깔은 푸르스름한 쪽빛의 기운이었다. 어둠 속에 잠긴 배봉산이 신비하기만 하였다. 고요한 어둠에 묻혀버린 듯하였다. 이윽고 동대문에는 점점이 불빛들이 박히기 시작하였다. 불빛들이 찬연하였다.

사람이 만든 것들 가운데 도시의 불빛도 빼놓을 수가 없다. 빛 하나하나에 스며있는 이야기들, 사람들의 꿈과 소망과 아쉬움과 쓸쓸함이 살아 있었다. 사람들은 불을 켜고 자신의 시간을 끈덕지게 지켜나가고 있었다. 삶의 시간을 지켜나가고 있었다.

배봉산 둘레길: 길을 따라 걸으면 만났다. 길을 따라 호흡하면 목소리가 되었다. 또다른 여행이 시작되었다.

배봉산 해맞이 행사: 세상속으로 걸어갔다. 멈추지 않았다. 나는 무엇을 해야하는가를 알고있었다.

주변은 불빛을 머금고 고요해졌다. 나는 계단 사이를 걸어 다시 내가 사는 길 속으로 돌아왔다. 나는 스메타나의 '나의 조국'을 들었다. 절망을 이긴 사람들의 온기가 묻어났다. 침묵의 시간 속으로 또다시 걸음을 옮기기 시작했다.

주꾸미
골목에서

사람은 주꾸미 불판에서도 끊임없이
자신을 돌아볼 수 있다.
더 나은 내일의 세상살이를 위해
오늘도 식사의 의식을 치러야 한다.

음식에도 철학이 있다

우리 셋은 오랜만에 마주 앉았다. 제기동 주꾸미 집이었다. 불 위에 불판을 얹고, 그 위에 살이 오른 주꾸미를 얹고, 다진 양념을 고루 뿌렸고 불판에 쭈그리고 앉아, 소주 한 잔씩을 나누었다.

그렇게 한 입 두 입 먹다 보니 어느새 주꾸미는 세상에서 제일 맛있는 음식이 되어 있었다. 주꾸미 삼매경에 빠졌다. 처음 시작은 3인분만 생각했는데, 어느새 주꾸미 두 판을 먹었다. 아직도 음식을 탐하는 욕심은 예순이 넘어도 여전하였다.

주변에서 주꾸미를 먹는 이들도 떠들썩한 이야기의 꽃을 피우고 있었다. 천국이 따로 없었다. 코로나 팬데믹이라는 격동의 세월 속에서도 우리 삶은 멈추지 않고 계속되고 있음을 바로 여기서도 느낄 수 있었다.

K가 힘주어 말했다.

"사람은 주꾸미 불판에서도 끊임없이 자신을 돌아볼 수 있다. 더 나은 내일의 생활을 위해 오늘도 식사의 의식을 치러야 한다. 평범한 사람들의 일상 속에 모든 답이 있다."

음식 하나에도 철학이 있었다. 사람들이 음식을 먹는 모습을 가만히 보면 각양각색이었다. 강한 불에 구운 주꾸미, 약한 불에 구운 주꾸미가 저마다 결이 달랐다. 사이드로 무쌈과 콘치즈, 깻잎이 맵기를 다르게 하는 모습도 이채로웠다.

사람들이 가끔 깻잎쌈에 주꾸미를 싸서 서로에게 먹여 주는 모습이 참 보기 좋았다. 빈센트 반 고흐의 '감자를 먹는 사람들'이 생각났다. 그림을 보면 남자의 마디마디 굵게 못이 박힌 손으로 감자를 건네주는 모습이 감동적이었다.

반 고흐의 그림은 자신의 노동으로 정직하게 노력해

주꾸미 할머니:
오늘 그리고 내일이 있는 동대문을 생각하다.

서 얻은 식사를 나누는 모습에서 따뜻한 가족애가 묻어났다. 화가도, 시인도, 작가도 결국은 자기 삶 속의 뜨거운 결정체를 나누는 것이었다.

동대문을 새롭게 만나고 있었다

가끔 창밖을 통해 자동차 불빛들이 새어들어 왔다. 사람들을 비추는 빛들이 새롭게 보였다. 저 빛들도 어제의 빛이 아니었다. 모든 아침이 새로운 아침이듯이 저 빛도 새로운 빛이었다. 언제나 일상의 시간이 특별함을 깨닫게 되는 반복이었다. 그러다 문득 일상의 시간속에 숨은 진정한 가치와 매력을 다시 보게 되는 경우가 있었다.

동대문을 하루하루 걸으면서 동대문을 새롭게 만나고 있었다. 동대문은 평범하였으나 걸을수록, 생각할수록 다른 모습으로 다가왔다. 푸른 하늘색은 청금석에서만 얻어지는 값비싼 물감인 울트라 마린에서 얻을 수 있듯이 일상의 숨겨진 진실도 일상을 넘어야 볼 수 있었다. 어디선가 들국화의 '그대 걱정하지 말아요. 지나간 것은 지나간 대로 그런 의미가 있죠! 우리 다 함께 노래합시다'라는 노래가 흘러나왔다.

어느덧 초저녁 밤이 깊어져 갔다. 주꾸미 골목을 나와 길을 걸었다. 밤의 불빛 사이로 하늘의 별을 보았다. 별빛 속에서 용두동과 제기동을 가르는 정릉천이 무심히 흐르고 있었다.

골목
카페에서

젊은이들이 혼자있는 시간을 즐겼다.
노트북과 대화하고 있었다.
세상은 그렇게 변해가고 있었다.

시대가 달라졌다

시도때도 없이 휴대폰이 걸려왔다. 걷는 와중도 예외는 아니었다. 휴대폰을 받다가 부딪치기도 하고, 키득거리기도 하면서 거리를 활보했다. 걷다 보면 휴대폰은 주변을 시끄럽게도 하지만, 어디서건 시시콜콜한 남의 일상을 엿들을 수 있었다.

나는 동대문을 걸으면서 휴대폰이 만든 도시문화를 느낄 수 있었다. 전화를 받는 사람들의 표정이 여유로웠다. 활짝 웃는 사람들도 많았다. 아니 무엇인가는 모르겠는데 히죽거리는 모습도, 심각하게 양미간을 찡그리는 모습도, 만면 가득 행복한 미소를 짓는 모습도 보였다. 걷다 보니 공짜로 얻은 수확이었다.

그리고 동대문을 걸으면서 카페를 지나다 보니 우리 시대와 다른 젊은 이들을 볼 수 있었다. 우리는 항시 3~4명의 무리였다. 그런데 요즘 젊은이 들은 노트북과 핸드폰으로 무장한 채 혼자 있는 모습을 많이 보았다.

시대가 달라졌다. 우리는 함께 있어야 안심이 되었다. 그러다 보니 무던 히도 친구들을 찾아다녔다. 그런데 요즘 젊은이들은 혼자 있는 시간을 즐 기며 노트북과 대화하고 있었다. 세상은 변하고 있었다.

걷다 보면 가장 먼저 찾는 것이 편안한 카페였다. 어디서든 상관없이 그 저 멍때리며 시간을 보낼 수 있는 카페를 찾으면 행복하였다. 그렇게 매사 단골집을 고집하였으나 이제 단골집도 없었다. 그저 커피 한 잔과 한 조각 의 빵부스러기면 족하였다.

수첩을 꺼내 들고, 펜을 굴리면서 커피 향에 빠졌다. 요즈음은 카페마다 자신들의 냄새를 갖고 있었다. 그 향들도 좋았고, 종업원이나 단골처럼 보 이는 손님과 이야기를 나누고, 동대문에 대해 물어봤다. 이런저런 수다를 떨다가 카페를 나왔다.

꿈이 있는 동대문을 다시 만났다

어떤 길이든 낯설었으나 낯설지 않았다. 보도를 따라가면서 간판들을 꼼꼼히 살펴보고, 카메라에 담았다. 아주 천천히 걸어갔다. 카페가, 상점들 이, 자영업자들이 무수히 많았다.

상점들의 풍경은 쓸쓸하기도 하고, 활기에 넘치기도 했다. 생각이 꼬리 를 물면서 상상력이 이어졌다. 빈 상가에는 임차인을 구하는 핸드폰 번호 와 빈 플라스틱 상자들, 비닐봉지들과 먼지들만 쌓여있었다. 삶의 풍경들을 고즈넉하게 바라보면서 코끝이 찡해졌다.

　차가운 바람이 살 속을 스며들었다. 그럴 때면 커피가 생각났다. 여기저기를 기웃거리다 카페에 들어섰다. 늦은 오후의 끝자락 바람 속에 스민 쓸쓸함이 새로웠다. 시멘트 건물들이 옹기종기 붙어있었다. 이문동이었다.

　카페를 나와 이문동을 걸었다. 걷다 보니 여기저기를 확인하는 것이 아니라 동대문을 변화시킬 새로운 시각과 감동을 얻게 되었다. 기특하다는 생각이 들었다.

　무언가를 보고, 눈이 뜨이고, 마음의 문이 열려 마음의 움직임을 얻지 못할 바에야 무엇 때문에 동대문을 헤매고 있는가? 나는 오늘 우리 일상이 있는, 꿈이 있는 동대문을 다시 만났다.

　그리고 동대문 거리 속에 존재하는 힘을 알아갔다. 생각을 일으키는 골목들을, 카페들을 만나면서 틀에 박힌 풍경이 아니라 나만의 살아있는 시간을 마주했다.

동대문구
9개 동 이야기

용신동

　용신동은 마을을 감싼 산의 모습이 용의 머리처럼 생겼다 하여 유래된 '용두동'과 조선시대 행정 구역인 숭신방에 새로 만든 마을의 의미인 신설계에서 유래한 '신설동'이 합쳐진 행정동이다.

　용두동은 강원도에서 한양으로 들어오던 사람들의 길목이었다. 덕분에 주막이나 객주 집으로 생활을 하는 사람이 많았다. 수해의 우려가 없고 교통이 편리한 신설동에는 일제강점기 경성경마장이 들어섰고 정기적인 경마가 시작됐다.

　성북천, 정릉천, 청계천 등을 끼고 있어 물맛 좋은 곳, 빨래터로 유명했다. 한국인의 삶이 물건으로 모여 있는 서울풍물시장이 있고, 유서 깊은 '청룡문화제'가 열린다. 현재 동대문구 행정의 중심지역이다. 용두동과 신설동은 법정동으로 사용되고 있다.

제기동

동대문구는 조선시대 사대문 밖 첫 동네다. 영동·영남·관북지역의 백성들이 도성으로 들어가는 관문을 통과하려면 제기동 방아다리를 거쳐야만 했다.

제기동은 조선시대 왕이 제사를 지낸 것에서 유래되었고, 선농단을 품고 있다. 조선왕조는 임금들이 직접 풍년을 기원하면서 선농단에서 제사를 지냈다. 이른바 선농대제다. 대제를 지낸 뒤 임금이 수고한 신하들과 백성들을 위해 소를 잡고, 선농탕이라는 국밥을 내렸다. 오늘날의 '설렁탕'이다.

동대문구는 선농단의 역사적·문화적 가치를 계승하고자 2015년 선농단 역사문화관을 개관하였다. 조선시대 백성들의 구휼 기관이었던 보제원 터에는 2017년 서울한방진흥센터가 세워졌다. 약재상의 집결지 서울약령시와 함께 한방 사업을 이끌고 있다. 청량리 시장의 대부분도 제기동에 속해 있다.

전농동

전농동은 조선 건국 후 600년 동안 임금이 친히 백성들에게 농사의 모범을 보이고 가르친 곳이었다. 전농동은 한자도 '가르칠 전(典)'자를 쓴 典農洞이다. 청량리역이 있고, 과거에 속칭 청량리 588이었던 구역은 현재 재개발이 한창이다.

주변은 비교적 개발이 많이 완료됐고 배봉산과 학교를 끼고 있어 주거지역으로 인기가 있으나, 청량리역 뒤쪽으로는 여전히 낙후된 곳이 있다.

전농동 로터리는 개발 가능성이 높은 지역이다. 서울시립대가 있고 배봉산숲속도서관을 비롯한 많은 도서관이 모여 있어 교육 열기가 높다. 서울대표도서관도 건립을 앞두고 있다.

답십리동

명칭에는 두 가지 설이 있다. 조선 초 무학대사가 새로운 도읍을 정하러 다니던 중 들렀다는 것, 동대문에서 10리 떨어져 있다는 것이다. 1957년 세종로의 300여 세대의 판자촌이 자진 철거하여 답십리로 집단이주하여 답십리 천막촌을 형성하였다고 한다. 옛날부터 채소 공급지였다.

지금은 아파트와 각종 주민편의시설이 잘 갖춰져 있어 살기 좋은 곳으로 평가받는다. 전국 최대의 고미술품 판매장인 고미술 상가가 형성되어 있다. 1960년대 영화의 중심지로 흥했던 답십리 영화촬영소의 명맥을 이어가고자 최근 영화의 거리와 답십리 영화미디어아트센터가 조성됐다.

장안동

조선시대 목마장, 살곶이목장으로 유명했다. 중랑천을 길게 끼고 있는 이곳은 지대가 평탄하고 수초가 풍부하여 조선시대 왕이 사냥할 때 필요한 말을 기르고 훈련했다. 자연 제방에서 채소와 과수를 재배하는 전통이 이어져 1960년대 말까지 농업지역으로 남아있었다.

이후 저지대를 매립하고 빗물펌프장이 확충되어 홍수로부터 안전해졌다. 말이 쉬어가던 곳이 사람과 자동차가 쉬어가는 지역이 되었다. 중랑천을 따라 주거지역이 형성됐고 축제, 먹거리가 풍부하다. 현재 동대문구에서 인구도, 공원도, 학원도, 사무실도 가장 많은 동네다.

청량리

청량리는 천년의 역사를 가진, 비구니 사찰 청량사(淸凉寺)에서 유래하였다. 제기동과 인접하여 청량리 시장을 함께 품고 있어 동부권 물류와 소비의 중심지다. 1950년대 지어진 연립형 주거단지인 홍릉 부흥주택이 초창기 모습을 유지하고 있다.

고종의 계비 순헌귀비 엄씨의 무덤인 영휘원이 있다. 건강한 숲의 보고, 홍릉숲도 넓은 면적을 차지한다. 청량리역사를 중심으로 개발이 되는 가운데 낙후된 청량리 시장과 주변의 개발이 숙제로 남겨진 지역이다.

동대문구 장안벚꽃안길 야간조명 / 청량리 전통시장

회기동

회기동은 연산군의 생모 폐비 윤씨의 묘인 회묘(懷墓)에서 유래되었다고 한다. 전체 대지 22만 평 중 11만 평에 경희대학교가 자리 잡고 있다. 동대문구 어느 동네보다 청년들이 많다.

주민들과 경희대 학생이 힘을 모아 만든 벽화마을이 있다. 아기자기한 감성을 골목에 입혀 안전마을로 조성한 안녕마을도 인상적이다.

현재 서울 바이오 산업의 거점으로 발전하고 있다. 업무공간, 연구단지 등 단계적으로 인프라가 구축되고 있어 동대문구 미래 산업의 주역으로서 기대를 모으고 있다.

휘경동

휘경동은 조선 23대 임금 순조의 생모인 수빈 박씨의 무덤인 휘경원(徽慶園)에서 기원하였다. 한때 독립문메리야스와 목재소들이 즐비했다.

휘경동에 걸쳐 있는 배봉산은 정조가 평생에 못다 한 효를 다한다며 날

마다 사도세자 묘소를 향해 배례하던 곳이다. 동대문구는 2016년 근린공원 사업을 위해 기존에 군부대 시설이 철거된 곳에 잔디를 심어 주민들의 쉼터로 배봉산을 탈바꿈했다.

현재 배봉산과 중랑천을 끼고 초·중·고등학교, 병원 등이 모여 있는 휘경동은 대표적인 주거지역으로 자리 잡고 있다.

이문동

조선시대 도둑을 지키는 이문이 있었다. 오늘날 방범 초소와 같은 것으로 볼 수 있다. 해방 이후 연탄 공장이 들어서 번성했으나 시대가 변하며 쇠퇴의 길을 가고 있다.

이문동에는 하늘이 숨겨놓은 산이라는 천장산(天藏山, 140m)이 걸쳐 있다. 동대문구 지역의 천장산은 국가정보기관이 자리했던 곳에 있어 일반인에게는 출입이 금지되었으나 2020년 주민에게 열렸다. 발전이 느린 이문동은 현재 어느 곳보다 개발의 열풍이 강하게 일고 있다.

나가는 글

그렇다! 나의 고향 동대문을 걷기 전까지 동대문은 그저 스쳐 지나가는 동대문이었다. 그러나 동대문의 골목골목을 걸으면서 젊은 시절의 나를 만났다. 내 기억의 저편에서 추억과 이야기들이 살아났다.

그렇게 골목골목을 걷다 보면 찾아오는 쓸쓸함과 외로움도 견딜 만하였다. 사람은 삶을 받아들이는 방식에 따라 시간의 깊이와 모습들이 달라짐을 알았다. 그렇게 사람들이 살아가는 모습을 깨달을 수 있었다.

동대문 이곳저곳을 걸으면서 젊은 시절 나의 고향 동대문을 만났다. 내가 보냈던 어린 시절 추억들은 나를 자유롭게 만들어주었다. 동대문 속에 숨겨진 나의 삶의 모습들이 나를 만들었음을 보았다.

평소에 당연히 여기던 것에 감사함을 느끼게 되었다. 이번 여정을 통해 나를 새롭게 만났다. 나의 정치적·사회적 장벽을 넘어섰음을 봤다. 그리고 많은 이야기와 추억들이 남았다.

동대문 구석구석을 사진기로 찍으면서 동대문을 새롭게 깨닫는 계기가 되었다. 사진은 내게 많은 이야기를 전해주었고, 사진 속의 여백이 나를 편하게 해주었다.

때로 걷다가 힘이 들면 작은 교회당으로 들어갔다. 오랜 세월을 버텨온 낡은 의자가 정겨웠다. 이내 마음마저도 맑아졌고 이 세상을 스쳐 간 사람들의 숨결들이 느껴졌다.

어린 시절 교회당의 종탑에서 울렸던 종소리가 귀에 쟁쟁하였다. 어머니가 담벼락 밑에 가꾼 채송화나 백일홍이 생각났다. 두 손이 곱게 모아졌다. 하늘에 계신 하나님께 간절함을 담아 기도했다. 그러면서 나에게 내려진 축복 같은 시간에 감사했다.

동대문을 걷는 동안에는 아무것도 아닌 것 같은 시간도 하늘의 별처럼 빛났다. 그 시간을 통해 아름다운 삶을 꿈꾸었다.

걷는다는 아주 작은 일상은 또 다른 시간의 깊이를 깨닫게 했다. 어느 한 순간의 깊은 경험을 통해 나는 새로워졌다. 일상의 삶과는 다른 동대문의 풍경과 색감, 그리고 이야기들이 내게 새겨졌다.

그리고 동대문의 풍경 사진을 찍다보니 그 당시에는 몰랐던 장면에 담긴 순간이 새로웠다. 사진의 조각조각을 맞추면서 하나에서 전체로 동대문이 새롭게 새겨졌다.

나도 모르게 바라보았던 끝없는 응시로부터 나오는 영감은 말로 표현할 수가 없었다. 어떤 것도 우연은 없었다. 내가 본 것은 늘 나와 함께 있었다. 거리 여기저기를 기웃거렸다. 때로는 산뜻하고, 때로는 소박하고, 때로는 소소한 길들을 보았다. 골목 골목마다 내가 모르는 숨겨진 이야기가 있었고, 숨겨진 역사가 있었다. 그리고 동대문 사람들의 삶은 서로 이어져 있었다. 그 이어짐은 어떤 자부심이었다.

어느 눈 날리는 날이었다. 답십리에서 밥퍼 이야기를 들었다. 밥퍼는 우리 사회의 소중한 풍경이었다. 그러나 밥퍼 옆에 사는 주민들은 내가 몰랐던 불편을 겪고 있었다. 역시 우리가 현상을 보는 법은 우리가 알고, 믿는 세계에 영향을 받고 있었다.

꽃의도시: 동대문구를 꿈꾸면서 이야기가 있는 동대문을 만들어야겠다.

눈앞에 보이는 상황도 중요하나, 한 발자국 물러서서 좀 더 객관적으로 상황을 보는 법도 중요함을 알았다. 무엇보다 실제 현장을 직접 보고 나서 믿음에 대해 확신을 지녀야 함을 새롭게 깨달았다. 그래야 누구 앞에서도 떳떳하고 당당할 수 있었다.

동대문 걷기는 여행이었다. 나를 만나는 법, 새롭게 질문하는 법을 배웠다. 여행은 시선에 따라, 어디를 보는가에 따라 달랐다. 동대문을 걷고 나서 내가 바뀌어 있다는 것, 나의 시간이 참 많이 흘렀다는 것을 보면서 나의 습관적 시선을 깨야 함을 알았다.

언제나 우리 눈앞에 있는 것을 바로 바라보는 일이 가장 어려운 일임을 또 한 번 깨우쳤다. 어떤 현실 속에서도 아무리 미미해도 삶 속의 희망을 감지하는 힘을 길러야겠음을 배웠다. 그렇다. 정치는 내 생각이 아니라 국민 생각대로 하는 것이었다.